Mon pays vend des armes

Ouvrage publié sous la direction de Laurence Lacour

Les Arènes
17-19, rue Visconti, 75006 Paris
Tél : 01 42 17 47 80
arenes@arenes.fr
www.arenes.fr

Anne Poiret

Mon pays vend des armes

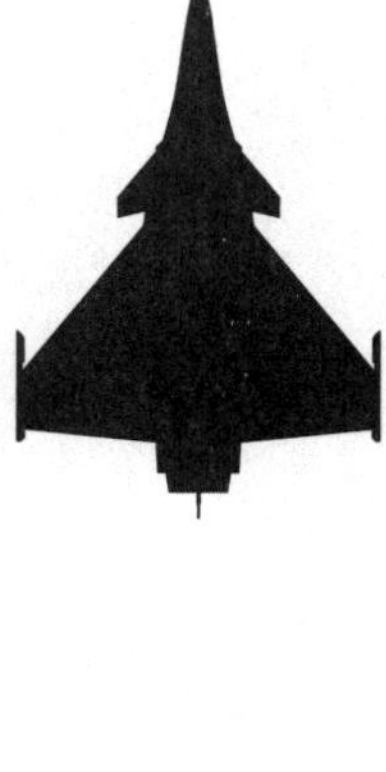

les arènes

Prologue

LE POINT OBSCUR DE LA RÉPUBLIQUE

DEPUIS QUINZE ANS, JE M'INTÉRESSE, EN TANT QUE JOURNALISTE et réalisatrice de documentaires, aux après-guerres, à ce qu'il advient des hommes et des lieux lorsque cessent les combats : les reconstructions, physique et psychique, le retour des déplacés, la justice transitionnelle… Je voyage dans des pays lointains et ravagés qui tentent de retrouver la paix. Des pays qui mettront le plus souvent des décennies à se stabiliser. Des pays infestés d'armes.

Plusieurs fois lors de mes reportages, en Libye, au Yémen, en Irak, des hommes, des femmes m'ont prise à partie : « Ces armes qui nous déciment, pourquoi la France nous les a-t-elle vendues ? Pourquoi avoir armé Kadhafi, Saddam Hussein et, aujourd'hui, l'Arabie Saoudite ? Pourquoi soutenir ainsi ces dictateurs, ces régimes si violents ? Vous, la patrie des droits de l'homme ! »

J'ai voulu comprendre la nature des liens qui unissent mon pays et ces zones grises, dévastées. Que signifie ce type d'exportations pour nos villes et nos régions où se fabrique l'armement ? Et pour nous tous, citoyens français ? De quoi, au juste, pourrions-nous être les complices ?

Lors de mes recherches initiales, je me suis étonnée de l'absence quasi complète de débat dans notre pays. Aucune discussion. Un blanc qui prenait toutes les couleurs d'un tabou.

En octobre 2018, soudain et pendant quelques jours, l'affaire Khashoggi[1] a jeté une lumière crue sur cette industrie et sur les exportations de la France vers l'Arabie Saoudite… La communication de notre président et de ses ministres s'est alors emballée et les contrevérités se sont succédé dans les médias : « Il est faux de dire que l'Arabie Saoudite est un grand client de la France en quelque domaine que ce soit […] Il n'y a aucun contrat en négociation […] On exagère beaucoup les ventes d'armes avec ce pays… » Pourtant, le royaume saoudien est bien notre deuxième acheteur d'armes. Les mensonges ont supplanté le silence et

1. L'éditorialiste saoudien Jamal Khashoggi, critique du pouvoir en place à Riyad, a été assassiné le 2 octobre 2018 par des agents de son pays à l'intérieur du consulat du royaume à Istanbul. Son meurtre a eu un retentissement planétaire.

l'absence de débat public, dévoilant finalement un même embarras…

*

« Tout est protégé, vous savez. D'abord, il y a le secret des affaires, ça c'est du civil, et puis il y a le secret-défense, ça c'est du pénal… »

« C'est extrêmement facile de critiquer les marchands d'armes. Ce n'est pas ce que l'on recherche, vous comprenez ? »

En menant mon enquête, au fil des mois, ces conversations, plus ou moins ubuesques, plus ou moins menaçantes, se sont répétées avec la plupart des communicants des groupes français d'armement.

« On est dans une situation que la morale pourrait… heu… réprouver. Au premier degré… »

« Nous avons gagné une compétition sur la qualité du recyclage de nos missiles en Grande-Bretagne. Alors vous voyez, on tue, mais proprement. Je plaisante, bien sûr… »

« Il faut quand même reconnaître qu'on est dans un domaine un peu particulier. On ne cherche pas forcément la lumière. La plupart des choses sont classifiées, secrètes. On ne fait pas beaucoup de portes ouvertes.

— Mais qu'est-ce que je peux espérer filmer ?…

— Ben, pas grand-chose…

— Allez, bon courage ! »

Parfois j'en ris. Parfois, j'enrage.

Alors qu'au printemps 2017 François Hollande quitte la présidence, et que j'entreprends de me plonger dans l'univers de cette industrie qui vole de succès en succès, la France est devenue le troisième pays exportateur mondial du secteur, faisant du président sortant l'un des plus grands vendeurs d'armes de la Ve République : 86 Rafale, 34 sous-marins, des missiles, des hélicoptères, des frégates, des blindés… Durant son quinquennat, il s'est passé quelque chose. Portée par l'engagement militaire de la France tous azimuts qui permet aux fabricants des tests grandeur nature, par un contexte international brûlant qui pousse toutes les puissances à s'armer davantage et par un certain retrait de l'Amérique, le principal fournisseur d'armes de la planète, l'industrie de défense française a extraordinairement prospéré. Ces records s'inscrivent dans la lignée d'une politique constante de notre pays. La France s'est tournée de longue date vers une exportation massive de son armement. Et rien dans la politique menée, depuis 2017, par Emmanuel Macron ne laisse présager un changement de cap.

Pourtant, de ce fleuron industriel, nous, citoyens, ne savons presque rien.

Où sont les usines ? Qui sont les fabricants ? Que pensent les dizaines de milliers de salariés[2] de cette industrie ? Que savent-ils, qu'imaginent-ils de l'utilisation future de ces armes hors de nos frontières ?

2. 200 000 selon le ministère des Armées.

Je suis donc allée à la rencontre de cette France qui fabrique et vend nos armes. J'ai voyagé de Mérignac à Bourges en passant par Cherbourg, dans ces « terres de Défense », pour comprendre l'emprise de cette industrie bien française, aussi florissante que le luxe et la gastronomie mais pourtant si méconnue, si fuyante. Je me suis rendue en Europe, en Belgique et en Suisse, auprès des instances qui tentent de réguler ce marché, et au Royaume-Uni pour comprendre comment les autres sociétés civiles abordent cette question. Je suis allée, enfin, chez notre principal client, l'Égypte.

Pendant des mois, j'ai également suivi les actions de militants des droits de l'homme qui tentent de faire respecter les engagements internationaux de la France. De prendre au mot nos autorités. Mais, quels que soient leurs efforts, ces activistes peinent à faire émerger un débat public.

La France livre pourtant pour des milliards d'euros de matériel militaire à la poudrière moyen-orientale. D'abord à l'Égypte du maréchal Al-Sissi, notre premier acheteur depuis 2016, dont le régime écrase toute forme d'opposition et bafoue les droits de l'homme. Ensuite à l'Arabie Saoudite, en conflit au Yémen et accusée d'y commettre des crimes de guerre. Alors que partout en Europe les discussions sont si vives, pourquoi ce sujet demeure-t-il, à ce point, un angle mort de notre démocratie ?

*

Pendant des mois, ma curiosité s'est heurtée à un silence obstiné de la part de l'administration, qui n'a cessé de me surprendre. Au sommet de l'État, responsable du contrôle de ces ventes, il est inconcevable, ai-je découvert, d'évoquer ce dossier sensible.

Des sources au cœur de l'appareil d'État ont toutefois consenti à me raconter de l'intérieur le quinquennat de François Hollande, et notamment sa clé de voûte : « l'équipe France » menée par Jean-Yves Le Drian. Elles m'ont aussi expliqué les atermoiements de l'ère Macron, le malaise dans lequel l'horreur de la guerre au Yémen plonge l'actuel gouvernement.

Ces militaires et hauts fonctionnaires en poste, ou tout juste mutés, des ministères de la Défense, des Affaires étrangères, de Matignon ou de l'Élysée ne sont pas autorisés à s'exprimer. Ils m'ont tous demandé l'anonymat. Certains sont liés par des accords de confidentialité, d'autres ont peur des représailles. Malgré tout, ils m'ont dévoilé les débats qui échauffent leurs institutions et dont le public n'est jamais informé.

De discussions *off the record* en messages cryptés, de documents confidentiels en rendez-vous secrets, j'ai pu éprouver toutes les contradictions de notre État en matière de vente d'armes et, peu à peu, j'ai vu se dessiner ce qu'un haut fonctionnaire du ministère des Affaires étrangères appelle : « le point obscur de la République ».

Cette enquête de plus de dix-huit mois a alimenté un documentaire[3] diffusé par France 5 en octobre 2018 – puis par la chaîne LCP en 2019. Et aujourd'hui ce livre. Puisse-t-il apporter un peu de clarté.

---

3. Produit par la société Talweg Production.

1

LE BORDELAIS, TERRE DE DÉFENSE

> « Et voilà, une fois de plus : Dassault… Dès qu'on pense militaire, on pense Dassault ! Ça ne va pas ! C'est l'inverse de notre plan de com ! »
>
> MATHIEU DURAND,
> le communicant de Dassault.

CAMPAGNE FUMANTE DES DÉBUTS D'HIVER. LE SOLEIL caresse les feuilles orangées des vignes. Au travers de la fenêtre du TGV en provenance de Paris, le premier, celui de 6 h 48, elles émergent de cette brume froide. Défilent, bien alignées, bien entretenues. Vitrine noble et séculaire de la Gironde.

À mesure qu'approche Mérignac, la banlieue ouest de Bordeaux, la laideur banale des paysages périurbains efface les charmes de cette France éternelle : enseignes criardes, grandes surfaces, tout ce que la société de consommation peut offrir de médiocrité esthétique. Un océan de zones commerciales dont émergent çà et là un château, une belle demeure ou une vigne justement, le long de laquelle des cadres de l'industrie de l'armement viendront courir en fin de journée. Tout juste quelques panneaux routiers indiquent-ils à la croisée des rocades la nature de l'emploi local. Il ne faut pourtant pas s'y tromper. Si l'armement revêt ici la même élégante discrétion que la bourgeoisie, l'ouest du Bordelais est l'une des « terres de Défense » les plus emblématiques de France. Un microcosme militaro-industriel, pourvoyeur de milliers d'emplois, où chacun a un parent, une connaissance. Et s'ils n'y travaillent pas directement, « ils en rêvent pour leurs enfants », me dira un retraité de ce secteur.

En son cœur, l'usine historique de Dassault, dont le communicant Mathieu Durand m'interdira l'accès pendant de longs mois : « Vous laisser filmer nécessiterait une mise en condition complète de la chaîne pour cacher tous ces petits bidules que la concurrence rêve de voir : c'est deux jours de boulot minimum. À deux cents personnes. Vous vous rendez compte ? »

Cette usine m'intéresse pourtant au plus haut point. C'est là qu'est assemblé l'avion de chasse Rafale, le principal succès à l'exportation du quinquennat Hollande. Pendant des années, les gouvernements successifs avaient tenté, en vain, de convaincre des pays acheteurs. Nicolas Sarkozy pensait y réussir au Maroc. Échec. Au Brésil, et il l'avait même annoncé lors d'une désastreuse conférence de presse. Nouvel échec. Tout a changé en 2015, lorsque le ministre de la Défense Jean-Yves Le Drian a signé un contrat avec l'Égypte. Puis avec le Qatar et l'Inde, entraînant dans son sillage d'autres contrats mirobolants.

Autour de l'aéroport de Mérignac prospère tout un écosystème lié à la défense : les principaux groupes et leurs myriades de sous-traitants ainsi que de nombreux organismes. À quelques centaines de mètres de l'usine Dassault s'élève un bâtiment flambant neuf, tout de verre et de bois clair. La société Thales, l'un des principaux fabricants d'armes français et fournisseur notamment de l'avionique des Rafale, vient d'inaugurer ce nouveau site, dont 1 500 m² d'espaces « futuristes et stimulants dédiés à l'innovation ». Dans une commune voisine est implantée l'entreprise Safran, qui conçoit, entre autres, les moteurs du Rafale mais aussi le missile M51 destiné à nos sous-marins nucléaires[1]. Un peu plus loin, un centre d'essais de drones et l'immense terrain du camp de Souge, où s'entraînent des forces spéciales, complètent cet environnement militaro-industriel.

Plus inattendue, l'ONG Médecins sans frontières a fait de l'aéroport de Mérignac son centre logistique. « D'un côté, les Rafale s'envolent vers l'Inde, l'Égypte ou le Qatar, de l'autre, des cargos chargés de médicaments partent assister des populations déplacées par

1. 120 millions d'euros l'unité, 9 000 kilomètres de portée. Dans sa prochaine version, il pourra transporter une charge nucléaire équivalente à soixante fois Hiroshima.

la guerre… », note un élu local. Sur ce même tarmac se trouvent enfin la base aérienne 106 et des ateliers de réparation de l'armée de l'air. Et en son sein, un peu perdu au milieu des bâtiments militaires, un vieux hangar. Un temple où est voué un demi-culte aux avions Dassault…

*

« Regardez cette merveille ! » Hugues Quintard, le vice-président du Conservatoire de l'air et de l'espace d'Aquitaine, tapote affectueusement l'aile froide d'une grande carcasse métallique. « Immédiatement après la guerre, Marcel Dassault a créé ici, à Mérignac, ce Dassault 315 Flamant : un bimoteur de liaison aérienne qui marque la naissance de la deuxième vie aéronautique de Marcel Bloch, devenu Dassault. » L'immense bâtiment déglingué qu'il me fait visiter ce jour-là accueille une cinquantaine d'avions réformés. Il est fréquenté avec assiduité par une poignée de retraités qui, comme Hugues Quintard, les briquent, les réparent, les ressoudent, les repeignent, et tuent le reste du temps à la buvette. Au milieu d'un fatras métallique de nez, d'ailes, de réacteurs, je trottine derrière Hugues Quintard en veillant à ne pas m'assommer. Il connaît chaque étape de l'aventure industrielle, la mystique Dassault : « Après les Flamant viendront les Ouragan, puis les avions de la classe Mystère. Là, vous avez le Mystère IV N, unique au monde, celui sur lequel Jacqueline Auriol a battu le record du monde de vitesse. » Hugues Quintard accélère l'allure. « Voici la série des Mirage. Regardez ce Mirage IV développé pour porter la bombe atomique souhaitée par le général de Gaulle. Et là, le Mirage 2000. Il a servi dans tous les conflits modernes depuis vingt ans. »

Ces avions-là parlent d'héroïsme et de grandeur de la France, mais aussi de géopolitique et de contrats scabreux. Parmi les joyaux de ces retraités, un Mirage 5, initialement prévu pour Israël mais frappé d'embargo en 1967 par le général de Gaulle. Ainsi que deux avions de combat aux couleurs irakiennes. « Saddam Hussein avait commandé un certain nombre de Mirage F1 à la France mais en 1990, après l'invasion du Koweït, il y a eu un embargo sur le matériel militaire. Ces deux-là n'avaient pas encore été livrés alors ils sont restés sur le territoire français. Ils sont superbes, ce sont mes préférés ! Il a une belle ligne, il est moins lourd que le Mirage 2000, qui fait un peu plus camion. Comme disait Marcel Dassault : "Pour qu'un avion vole bien, il faut qu'il soit beau." »

Au-dehors, Hugues Quintard nous désigne deux autres avions en attente de restauration sur une piste de l'aéroport de Mérignac : « Ils sont dans leur jus. On va refaire la peinture pour les rendre plus présentables. » Il caresse, songeur, l'aile de son Super Mystère B2 et rêve, pour l'ouverture du futur musée, d'y voir exposé un exemplaire du Rafale, « un avion d'exception ». « Il faut bien se rendre compte que ces avions sont avant tout une source de fierté. Dassault est un poumon économique. C'est énorme ici. » L'exportation de ce type de matériel ? « Ça doit être un monde très particulier… Il y a des salons maintenant ! Comme il y a le Salon de l'auto, il y a celui de l'armement… » Hugues Quintard fait un geste doux, un peu las, vers l'usine historique de la société. À l'autre bout du tarmac, à deux kilomètres de là, celle-ci va me fermer ses portes pendant encore de longs mois…

*

« Le président de la région est à fond, il est très bien avec notre patron, évidemment. C'est le meilleur défenseur de l'industrie sur son territoire. C'est un moteur… », m'a expliqué Mathieu Durand, le communicant de Dassault.

Alors, en quête d'un appui pour tourner dans l'usine du Rafale, je me suis rendue non pas à la présidence de la région Nouvelle-Aquitaine, où notre demande d'interview est restée lettre morte, mais à la mairie de Mérignac. L'ancienne chartreuse de pierre blonde du XVIIIe siècle devenue édifice municipal jouit d'un parc immense, où le visiteur se gare sur un gazon vert pomme. Marie Récalde, l'adjointe au maire, a de jolis yeux noirs maquillés. Elle porte un brushing impeccable, un pantalon de cuir et parle d'une voix féline de son vol sur le Rafale. Elle dit avec délectation « se prendre 5G » et sa photo en tenue d'aviatrice apporte une touche kaki au décor de son bureau. Lors de notre première rencontre, en novembre 2016, Marie Récalde est encore députée, socialiste, et membre de la commission de la Défense de l'Assemblée nationale. Elle faisait partie des délégations qui signèrent les contrats en Égypte (24 avions commandés en 2015) et en Inde (36 exemplaires commandés en 2016), et se dit prête à se rendre sur tous les fronts français, à appuyer tous les contrats à l'étranger pourvu que Dassault et Mérignac, sa ville, en tirent des bénéfices. Marie Récalde aime les phrases définitives : « Le Rafale, c'est un peu la souveraineté de la France qui part défendre les libertés. » « L'armement français, c'est la preuve que la France est grande. » Elle rappelle qu'elle est une « femme de gauche ». Parle avec lyrisme d'une colombe venue se poser contre la vitre de son bureau comme pour observer la maquette du Rafale placée bien en évidence : « C'était très émouvant : l'oiseau de plume face à l'oiseau de fer... »

La guerre... Elle l'évoque d'un air ennuyé. « Bien sûr, c'est aussi une industrie de mort. » Les débats en cours en Angleterre, les ONG, ailleurs en Europe, qui tentent de faire interdire les ventes d'armement à l'Égypte ou à l'Arabie Saoudite ? « Ah oui. Je vois très bien. Moi aussi, j'aimerais vivre dans un monde idéal... Mais ces ventes sont primordiales pour maintenir l'influence de la France. C'est notre premier budget à l'export après le luxe. Et on ne donne jamais toutes les clés, tout le savoir-faire. On sait ce qu'on a vendu : on sait ce dont disposera notre ennemi. Finalement, c'est un moyen de garder toujours l'avantage. » Marie Récalde promet de m'emmener visiter l'usine Dassault. « Ils adorent ça. » Puis plus rien. La vague En Marche ! aux élections législatives de

2017 l'a emportée et, pendant des mois, celle qui est demeurée adjointe au maire de Mérignac ne répondra plus à mes appels.

*

Novembre 2017

Faute d'autorisation pour filmer à l'intérieur de l'usine Dassault, je continue à tourner autour. À quelques mètres de l'entrée du site, sur le parking du restaurant *Lulu dans la Prairie*, j'assiste ce jour-là à un rassemblement de cyclistes, coloré, festif, musical. Un collectif anti-armes ? Pas du tout. Une manifestation d'employés des industries de défense locales. Ils exigent simplement des pistes cyclables dignes de ce nom.

Les élus municipaux sont présents. Parmi eux, un autre adjoint au maire, Gérard Chausset. Je le filme discrètement car il ne souhaite pas s'afficher trop ouvertement à mes côtés. Cet ancien élu d'Europe Écologie – Les Verts, désormais En Marche !, n'a pas un positionnement facile. Il est l'un des très rares représentants politiques locaux à s'interroger sur les exportations de Dassault. Il nous reçoit chez lui. « Je ne cherche pas à empêcher ces ventes, je suis réaliste, dès qu'il y a des créations d'emplois, on ne peut plus rien dire. C'est juste pour sauver l'honneur… »

Lors de la vente des 36 avions Rafale à l'Inde, il a dénoncé publiquement le manque de transparence du contrat. « À combien a-t-il été vendu ? C'est le contribuable qui a financé son développement. Quel est le gain réel pour notre pays ? Par ailleurs, le Rafale est capable de porter des missiles nucléaires. C'est pour cette raison notamment qu'il a été acheté par l'Inde. Donc la France participe à la prolifération nucléaire. Dans dix ou vingt ans, on pourrait s'en mordre les doigts. Mais personne ne moufte. Tout le monde applaudit ces ventes. Il y a une vraie chape de plomb. Je ne suis pas antimilitariste, mais je pense qu'au pays des Lumières il pourrait y avoir des politiques, des intellectuels pour s'interroger aussi sur le bien-fondé des ventes des Rafale à l'Égypte, qui n'est pas une démocratie très robuste, tout de même… On donne des outils extrêmement performants à des pays peu sûrs. Moi, je suis une petite voix. Il faut être honnête avec ce que l'on représente. L'adjoint au maire de Mérignac, tout le monde s'en fout… »

À l'intérieur du restaurant *Lulu dans la Prairie*, l'ambiance est chaleureuse. La salle, immense, est décorée de maillots de sport et un grand écran retransmet un match de basket-ball. J'y rencontre Cyril Courel, aux cheveux poivre et sel attachés en queue de cheval. Il est accompagné de Cédric Guzman, son collègue. Tous deux sont entrés chez Dassault, « la belle entreprise du coin », à l'issue de leurs études, voici près de vingt ans, et tous deux se sont syndiqués quelques années plus tard à la CGT. Une protection qui leur donne suffisamment d'assurance pour s'entretenir avec une journaliste.

« Il y a une forme de déni. Les employés ne veulent pas réfléchir. En atelier, nos collègues ont une vision à court terme. Ils se disent: “Super, on signe un contrat, y a de la maille.” Il y a bien eu des témoins de Jéhovah qui refusaient de travailler sur le militaire et n’acceptaient de bosser que sur les avions civils Falcon, mais ça ne les empêchait pas de toucher les participations au bénéfice à la fin de l’année… Même nous, on n’a pas de solution parce que, malheureusement – ou heureusement –, c’est notre gagne-pain. Si Dassault arrête de faire des avions de chasse, à qui l’armée française en achètera-t-elle? C’est un raisonnement qui est valable si le monde entier cesse de fabriquer des armes. Mais est-ce que c’est crédible? Tout est fait pour nous faire oublier qu’il s’agit d’une arme. L’entreprise nous serine qu’on ne fabrique qu’un avion: “le plus beau du monde”. Les tests des missiles sont faits ailleurs. On n’a plus de lien avec ce qui tue.»

Un peu navrés, un peu las, les deux hommes évoquent alors le passé de leur entreprise.

«Si vous reprenez l’histoire des ventes Dassault, vous trouvez surtout des pays allant du “peu fréquentable” au “pas fréquentable du tout”. Dans les années 1960, pendant la guerre froide, il y avait encore des pays qui choisissaient la France pour sortir de la logique des blocs: USA-URSS. Mais c’est fini, ça. Tous les pays “normaux” achètent aux États-Unis. Il nous reste les autres… Nos collègues sont envoyés pour la maintenance dans un tas de pays “sympas”: au Qatar, en Égypte, aux Émirats arabes unis… Après la vente au Qatar en 2015, j’ai interpellé Éric Trappier [le P-DG de Dassault Aviation], il vient tous les deux ans en visite d'usine. Je lui ai demandé s'il était raisonnable de vendre un avion de chasse de ce niveau à un État dont on sait qu'il finance des groupes qui nous combattent... Droit dans ses bottes, le patron : "Le Qatar n'a aucun lien avec le terrorisme." La discussion s'est arrêtée très vite. Les sommes en jeu sont trop énormes, c'est le drame des ventes d'armes. À ces niveaux-là, il n'y a plus d'humanisme qui tienne. Et, dans les faits, la branche civile de Dassault va tellement mal que ça ne fait qu'équilibrer les choses : pour le moment, les succès du Rafale n'ont donné lieu à aucune création d'emploi... »

Des pays « pas fréquentables », François Garofalo, retraité de chez Dassault depuis 2004, en a connu. La Libye, par exemple, quand, dans les années 1980, il a dû demeurer sur place, avec ordre de faire voler les Mirage vendus au colonel Kadhafi face à nos propres avions engagés contre lui au Tchad. « Quand un avion partait en mission, je le préparais en instance de vol. Aucun problème jusqu'à ce que les hostilités démarrent. À ce moment-là tous les Français avaient été retirés du pays, mais nous, non. Dassault nous laissait là ! Vous vous rendez compte ! Les propres enfants de certains collègues étaient engagés sur des avions français face à Kadhafi. Il a fallu qu'on tienne tête aux militaires libyens en refusant de travailler. Je vous assure qu'il fallait du cran... » François Garofalo a évolué pendant plus de trente ans chez l'avionneur, tour à tour ajusteur, chaudronnier, pistard, et il a milité pendant presque toutes ces années à la CGT. L'ouvrier rêvait de rentrer chez Dassault «parce que c'était le Pérou à l'époque... Les questions, on se les pose après. Quand on est un actif, on pense à sa maison, à ses traites, aux études des enfants. Et puis entre notre action il y a quarante ans et aujourd'hui, il y a une différence de taille. Quand j'ai commencé, le chômage était à 3 %. On n'avait ni angoisse ni tabou, on se disait: "Pour 20 centimes, on roule les bleus et on s'en va!" Dans les années 1970, on proposait de transformer les talents, l'incroyable intelligence et les compétences que rassemble cette industrie: par exemple faire du Transall un avion anti-incendie. Mais l'utopie du désarmement est derrière nous. Aujourd'hui, l'arc du chômage passe juste à l'est de Mérignac. Là-bas, c'est une misère noire. Ça fait peur.»

*

Fouler ces terres bordelaises dévolues à l'industrie de l'armement permet de prendre la mesure du bloc inconditionnel qui, à tous niveaux ou presque, la soutient. À commencer par le monde politique, qui revendique sa solidarité, exprimée, sans réserve, par l'ex-bras droit du président de la région Nouvelle-Aquitaine. «Tout est très imbriqué ici», assure Jérôme Verschave, devenu directeur du centre de formation Aérocampus Aquitaine, créé en avril 2011, à Latresne, au sud-est de Mérignac, sur l'autre rive de la Garonne. Auparavant cadre dirigeant chez Thales, puis directeur de cabinet d'Alain Rousset au conseil régional et désormais responsable de ce centre flamboyant de 26 hectares, Jérôme Verschave ne voit dans ce parcours aucune endogamie, aucun conflit d'intérêts. Juste la preuve d'une certaine « agilité ». Il m'accueille au seuil d'un magnifique château classé du Bordelais, un bijou de pierre blonde aux toitures d'ardoise, datant du XVIIIe siècle. « C'était le lieu de pouvoir de Bordeaux, la résidence du président du parlement. En 1940, les Allemands s'y sont installés », précise-t-il. Jérôme Verschave est un homme habitué à plaire. Il porte un costume merveilleusement coupé, un bronzage trop marqué pour un mois de novembre et conduit avec désinvolture une voiturette de golf à bord de laquelle il entreprend de me faire visiter son domaine « confisqué après guerre ; le château, son parc, ses dépendances sont devenus un centre de formation de la direction générale de l'Armement. Il était sur le point de fermer. Nous l'avons repris ». Ce « nous » désigne un ensemble hétéroclite composé de différents partenaires : les industriels concernés, Thales, Safran, Dassault, auxquels s'est jointe l'Éducation nationale. Le tout sous forme associative. « Comme le Club Med au début ! » souligne mon hôte, fier du succès de son centre, reflet de la bonne santé de l'industrie de l'armement. « Nous sommes leur bras armé “formation”. »

En aplomb du château, les salles de cours. Un tout autre décor que l'ancienne propriété des seigneurs de Latresne. Hangars, vis, boulons. Avions. Des jeunes en bac pro et des apprentis (300 élèves par an, dont une poignée de filles) rêvent de voyages, d'avenir clair et de revenus confortables. Autour des classes sont parqués des avions, dont un Mirage de Dassault et bientôt un Rafale Marine, des hélicoptères de tous modèles, de tous âges : dons du ministère de la Défense et des industriels. La région a investi 25 millions d'euros dans le centre. Avec une centaine de salariés, Aérocampus fourmille de projets. « On implante une école privée de pilotes de drones. On a créé 150 chambres d'hôtel pour accueillir en permanence des gens du monde entier. » Les contrats exports font vivre le centre. Un quart du chiffre d'affaires pour le seul Qatar. « Lorsque Dassault a vendu ses Rafale – 24 en 2015, plus 12 en 2017 –, la société s'est engagée à former leurs mécaniciens : une centaine d'étudiants logés et nourris pendant environ un an et demi. »

Dans le parc stationnent de somptueuses voitures de sport. Jérôme Verschave prévient : « Ne filmez pas. Attention, ils sont là. » Devant nous, les élèves qataris savourent une pause. Sur le parking, il faut manœuvrer entre leurs puissants coupés. Des précautions s'imposent. Ne pas les rayer. Ne pas montrer d'agacement. « *Hello! Can you move? Hey, excuse me!* OK. Ça passe... Ce contrat nous a donné une notoriété incroyable. Ça nous donne du cash pour continuer à développer l'activité de service public, gratuite, sans demander de subventions. » Le directeur gare sa voiturette et pénètre à grandes enjambées dans les salles du château. Dans chaque pièce, au sol, un dallage en damier noir et blanc. Sur les tables, des maquettes de produits français – le Rafale surtout – et dans la principale salle de réception, une grande carte du monde. En bleu, les pays présents dans le centre. En orange, ceux où s'exporte la formation : « On va se déployer en Arabie Saoudite, en Indonésie, en Inde : là où notre industrie prospère. » Jérôme Verschave rentre justement de New Delhi : « Nous avons un gros projet à Nagpur, où Dassault construit son usine. On essaie de créer une école à côté. Nous sommes l'outil *offset*[2] du contrat Rafale. C'est ce qu'on appelle les compensations. Ce que l'industriel doit s'engager à investir dans le pays en contrepartie des contrats d'armement. On a aussi des contacts directs avec des Air Force[3], pour former directement leurs militaires, notamment les Saoudiens. »

Il m'entraîne ensuite dans la salle de réalité virtuelle, sa préférée : « Même TF1 a été bluffé, alors qu'ils venaient avec plein de préjugés ! » Dans une pièce plongée dans l'obscurité, un écran de trois mètres sur quatre. Un opérateur, Vincent, télécommande dans une main, baguette dans l'autre, fait tourner le Rafale, le désosse, ouvre des compartiments,

2. Comme dans la plupart des ventes d'armes, l'équipe industrielle de l'avion Rafale (Dassault, Thales, Safran, etc.) doit au pays acheteur, en l'occurrence l'Inde, une contrepartie importante, des *offsets* – ici 50 % –, du montant du contrat. Celle-ci peut prendre diverses formes : achats de biens, formation d'ingénieurs, production, le tout investi dans le pays acheteur. Éric Trappier, le P-DG de Dassault, a annoncé à l'AFP en octobre 2018 réaliser 10 % de ses obligations d'offsets avec la société indienne Reliance et être en contact avec une centaine d'autres entreprises indiennes. « Si les contreparties sont obligatoires, le choix des entreprises partenaires est libre », a précisé Florence Parly, la ministre des Armées. Le système des *offsets*, très complexe, particulièrement opaque, est très difficile à évaluer.

3. États-majors des armées de l'air des différents pays.

fait disparaître une coque d'acier, apparaître des vérins…

« C'est impressionnant, non ? C'est notre meilleur outil commercial. On a été le premier centre de formation à le déployer, la *French touch*, quoi. » Entretenir un Rafale devient un jeu vidéo.

« On peut le dépouiller totalement, mettre en avant un circuit hydraulique, sortir un train, travailler sur la réfection d'un choc sur la structure : pour les élèves, c'est incroyable. »

Pendant notre échange se poursuit la démonstration. Nous faisons virtuellement le tour du Rafale, dont des parties s'ouvrent et se ferment sur commande. C'est beau et un peu hypnotisant.

« Tiens, il y a même les missiles ? » hasarde-t-on…

Soupir gêné.

« Vincent, ne les montre pas trop, s'il te plaît.

– Ça n'est pas un scoop, quand même ! Un Rafale est fait pour emporter des missiles…

– Ce n'est pas notre job de montrer ça au public. Vous savez, Dassault est une entreprise très secrète…

– Ah bon ? »

2

AU CŒUR DE DASSAULT

« Nous sommes seulement le septième fournisseur de l'armée française derrière tous les autres. Le militaire ne représente que 20 à 30 % de notre chiffre d'affaires – alors que la plupart des grandes boîtes sont à 90 % : pourquoi nous ? Pourquoi c'est toujours nous ? »

MATHIEU DURAND,
le communicant de Dassault.

« BONJOUR ANNE. MATHIEU DURAND, SOCIÉTÉ Dassault. J'ai une bonne nouvelle pour vous… » Sept mois après notre premier contact, la société a décidé, soudainement, de m'ouvrir ses portes. J'ignore ce qui motive ce revirement. Officiellement, Éric Trappier, le patron de Dassault Aviation, vient de prendre la tête du CIDEF[1]. « Il est désormais plus légitime pour répondre à vos questions », m'assure-t-on. La visite de l'usine devient également envisageable, « dès la semaine prochaine ». Alors, par un froid matin de janvier 2018, nous passons les contrôles d'identité avant de pénétrer dans ce site dont nous filmons les extérieurs depuis des mois. Le directeur de production, le responsable de l'unité de production des avions militaires et le chargé de communication, venu tout spécialement de Paris, nous attendent en rang serré sous la pluie. Les présentations, autour d'un café, sont un peu gauches, un peu tendues. Chacun décline ses nom, prénom et fonction que je note dans l'un de mes cahiers. Au lendemain du tournage, le communicant me précisera que seuls les prénoms pourront être diffusés. Ces hommes, connus dans toute la région, dont les visages vont apparaître dans le documentaire, ne souhaitent pas y voir figurer leur nom de famille. Soit.

Jean-Jacques, puisqu'il faudra bien l'appeler ainsi, est le directeur de l'usine. Il fait partie de ces adultes dont les traits cachent mal l'enfant qu'il a été. Chez lui perce encore le garçon confiant, appliqué, et qui devait déjà porter ces lunettes sages. Il ne ressemble en rien à l'idée que l'on se fait d'un fabricant d'armes. Visiblement, elle ne correspond pas à la sienne non plus. Il a toutes les peines du monde à en assumer le sens.

1. Le Conseil des industries de défense françaises, qui rassemble toutes les entreprises du secteur.

« Est-ce que le Rafale est une arme ?

— Heu… c'est un vecteur de sécurisation du territoire… C'est un porteur qui peut être équipé… heu… C'est un outil de maintien de la sécurité…

— Comment vous reliez-vous à son utilisation future ?

— Je ne m'y relie pas. Moi, je suis l'industriel… »

Après un nouveau contrôle d'identité, nous accédons au bâtiment A, l'atelier historique du site, récemment rénové grâce aux contrats exports. Le sol est immaculé. Le niveau sonore étonnamment bas. Les avions, une demi-douzaine, parfaitement alignés. Les premiers sont en cours d'assemblage. Six autres usines Dassault, en France, fabriquent les pièces du Rafale. Les ailes en fibre de carbone proviennent de Martignas-sur-Jalle, à quelques kilomètres de là. Le fuselage central est conçu en région parisienne. Les commandes de vol en Haute-Savoie. Ce n'est qu'à ce stade, dans cette usine, qu'est réellement constitué l'avion et que sont effectués réglages et vérifications. Le poste le plus proche de la sortie est dédié aux essais en vol. Aucun n'est prévu ce jour-là. Autour de cette demi-douzaine de Rafale virevolte le ballet délicat et parfaitement réglé des techniciens. Certains portent des combinaisons frappées du logo d'autres industriels, rappelant qu'un contrat Rafale implique bien d'autres sociétés, de Safran à Thales en passant par des dizaines de sous-traitants…

Pendant sept mois, le communicant qui nous escorte a justifié son refus par le prix que coûterait ce tournage. Qu'a-t-il donc été fait pour finalement faciliter notre introduction dans cette usine ?

Jean-Jacques: «Heu… Généralement, lorsque nous avons une visite de l'importance de la vôtre, nous prenons le temps de ranger un minimum. Mais objectivement, cette chaîne est très bien tenue.»

Je reprends l'argument initial.

«On nous avait dit que ça coûtait très cher…

– Ça coûte? Heu… Je ne peux pas répondre à cette question…»

Dans mon dos, le communicant précise: «C'est pas l'aspect rangement qui pose problème, c'est l'aspect confidentiel…

– Oui, rétorque le directeur, mais… il faut quand même bien s'organiser.»

Je croise son regard un peu désespéré et son sourire désolé adressé au communicant venu de Paris. Il n'a, semble-t-il, aucune idée de ce à quoi je fais allusion.

Je tente des questions plus simples: Où en sont les livraisons des Rafale à l'Égypte, au Qatar et à l'Inde, ses nouveaux acquéreurs? Combien sont déjà sortis des usines?

Silence. Regard à nouveau paniqué de Jean-Jacques par-dessus mon épaule.

Le communicant répond à sa place:

«On a livré 14 avions à l'Égypte.»

Je m'étonne en m'étranglant un peu.

«Vous ne connaissez pas le nombre d'avions qui sortent d'ici?»

Le directeur est au supplice.

«Si! Mais je voulais être sûr de notre discours. Vous voulez les différents contrats?»

Le communicant poursuit à sa place, imperturbable :

« On a donc livré 14 Rafale égyptiens. Les premiers qataris le seront début 2019 et les premiers indiens courant 2019.

— Mais pourquoi hésitez-vous ? » Je m'adresse toujours à Jean-Jacques.

Nouveau regard désolé. Sourcil levé. Visiblement, il aimerait être ailleurs.

« Je n'hésite pas, je veux juste savoir quel degré de confidentialité la société souhaite donner à l'information… »

J'avais demandé à pouvoir m'entretenir avec des salariés du groupe. Ainsi encadré par le communicant venu du siège, flanqué du directeur de l'usine, l'exercice est pour le moins contraint. Un ouvrier s'est porté volontaire. Coupe en brosse, poigne ferme, Dominique est un ancien soldat qui a longtemps servi dans l'ALAT, l'aviation légère de l'armée de terre. Il a rejoint Dassault pour « le prestige, la qualité, l'envie de changer… », et travaille aux « essais de fermeture de zones ». Voilà ce qu'il dit du Rafale : « C'est un bon produit. À notre niveau, il n'est pas armé. Il n'est même pas peint… C'est de l'aéronautique. L'utilisation future n'est pas notre partie… Un avion pour la France ou un avion export : pour nous, ça ne change rien à part la couleur de la peinture. Au final, c'est un Rafale. »

A-t-il un avis sur les clients ? Par-dessus mon épaule, son regard cherche celui du communicant. Silence. Demi-sourire tranquille.

« Bien sûr, je suis un ancien militaire. Chacun a son opinion... »

Je n'en saurai pas plus.

Un autre salarié a accepté de s'entretenir avec nous. Un pilote de chasse, figure héroïque par excellence. À quarante ans passés, Cédric compte vingt ans d'active dans l'armée française. Il est chargé de nous présenter le cockpit dont les commandes doivent rester éteintes. « Secret-défense ». À droite de l'habitacle, la gâchette pour tirer les missiles « comme un pistolet ». Tout simplement.

« À l'annonce du premier contrat, se souvient-il, j'étais très heureux que les mérites du Rafale soient enfin reconnus, c'est vraiment le meilleur avion du monde... Ce qu'ont montré les forces françaises avec cet avion donne envie aux autres nations de l'acheter. Et pour moi qui effectue les tests au nom des clients étrangers, cela voulait dire davantage d'heures de vol. »

*

Au siège, à Saint-Cloud, l'ambiance est nettement moins détendue. J'y suis accueillie par Stéphane Fort, le supérieur du communicant présent la veille à Mérignac. Dans une autre vie, il fut reporter à France Inter. Un grand escogriffe qui a fait ses choix de carrière mais tente d'installer une complicité entre nous.

« On ne s'est jamais croisés sur le terrain ? En Afghanistan ?

– Non.

– Alors en reportage pendant la guerre en Irak ? Non ? »

Ni là ni ailleurs.

Au lendemain de la visite de l'usine, j'ai rendez-vous avec son patron. Éric Trappier. Entré comme ingénieur en 1984 au sein du bureau d'études, il a gravi tous les échelons et dirige Dassault Aviation depuis janvier 2013. Dans son bureau tout en boiseries qui domine la Seine, sa photo se décline aux côtés des maîtres du pouvoir : Éric Trappier en compagnie de François Hollande, Éric Trappier en compagnie d'Emmanuel Macron…

« L'exportation est quelque chose d'assez noble. La France produit des armes pour sa propre défense nationale. Elle a besoin, pour équilibrer ses comptes, de les exporter. C'est fait dans les règles qui sont celles d'un État de droit, donc n'essayez pas de nous dire qu'on est complexés par le fait d'exporter du matériel. On ne l'est pas. Au contraire, c'est une fierté… D'ailleurs quand nous sommes parvenus à exporter le Rafale, le regard des journalistes – en tout cas de certains – a changé. Ils étaient plutôt collectivement heureux pour la France. Ça crée de l'emploi à haute valeur ajoutée qui ne s'externalise pas. C'est rassurant pour les régions d'avoir en leur sein des industries de défense. »

J'ai en tête les critiques de Gérard Chausset sur la vente du Rafale en Inde, ses inquiétudes à propos de la prolifération nucléaire. Marie Récalde, l'ancienne députée socialiste qui avait assisté à la signature du contrat, m'avait affirmé : « Il y a des garanties sur le fait que le Rafale ne puisse pas emporter des armes nucléaires. Mais je ne peux pas vous en dire plus. En tant que parlementaire, je ne négociais pas le contrat. La parole de l'exécutif français me suffisait… »

J'aimerais connaître la nature de ces garanties. Existerait-il une clause empêchant les Indiens d'utiliser nos avions pour tirer un missile nucléaire ? Forcément, Éric Trappier doit le savoir. Mais il repousse ma question.

« C'est pas mon sujet.

— Mais… C'est un sujet quand même ?

— Non, c'est votre sujet, pas le mien.

— Il n'y a pas de contre-indications ? Il n'y a rien sur le Rafale qui empêche l'emport de missiles nucléaires indiens ?

— Écoutez, je ne sais pas vous répondre.

— Mais techniquement, ça, vous devez le savoir ? C'est une question qui se pose, quand même !

— Non, non. Pas du tout. C'est votre question. »

L'Inde et le Pakistan, deux puissances nucléaires, se disputent le Cachemire depuis leur indépendance, en 1947. Il n'y a plus pour l'heure de front ouvert mais ce conflit inextricable est loin d'être gelé. Quelques jours avant la signature du contrat Rafale, une base militaire indienne, située à la frontière du Pakistan, avait même subi une attaque particulièrement meurtrière de militants séparatistes pro-pakistanais. Régulièrement, les deux États ennemis s'envoient des roquettes. En février 2019, en représailles à un attentat, l'aviation indienne a frappé un camp d'entraînement sur le sol pakistanais. L'un de ses avions a été abattu, le pilote capturé et, pendant quelques heures, le monde s'est inquiété d'une possible escalade nucléaire. Qu'adviendrait-il alors ? Quelle part de responsabilité la France porterait-elle ? Comment assumer d'armer ainsi deux pays en guerre ? Et comment s'y prend-on ?

« On a des règles comportementales, explique le P-DG de Dassault Aviation. On ne parle pas de l'Inde au Pakistan. Et *vice versa*. Mais on n'exporte pas au Pakistan, donc c'est encore plus facile.

— Vous n'êtes pas présents au Pakistan ?

— Non, non. À une époque, nous avons exporté des Mirage III, dans les années 1960.

— Il subsiste un peu de maintenance, quand même… ?

— Oh, il n'y en a plus. Les avions sont très anciens. Ils ont acheté des stocks, il n'y a plus de soutien actif de notre maison au Pakistan. »

Ce n'est pas tout à fait exact. C'est même franchement faux.

Un ancien cadre de Dassault m'a confié avoir géré jusqu'en 2011 les données des agents commerciaux de la société envoyés au Pakistan. Tous les mois, au moins jusqu'à cette date, des employés ont donc assuré une présence de Dassault dans ce pays – soit plus de cinquante ans après les années 1960 !

« Il y a des accords de maintenance pour les Mirage mais aussi pour les ATL, des avions de patrouille maritime cédés par la France dans les années 1970. Tous les mois, ces commerciaux rencontraient les responsables des bases aériennes et se rendaient sur certaines d'entre elles… » Le Pakistan a, au fil des ans, racheté des dizaines de Mirage III et 5 d'occasion. Il serait devenu, après la France, le principal détenteur de ce type d'avion. De son côté, la société Dassault a tenté, jusqu'en 2010 au moins, de vendre des Mirage 2000 aux autorités d'Islamabad, la capitale. « Même s'il est strictement interdit de parler avec les clients de l'utilisation des avions, un jour l'un de nos commerciaux m'a raconté, un peu mal à l'aise, avoir demandé ce que les Pakistanais pensaient du fait qu'on commerçait aussi avec les Indiens : "On sait, c'est bon", lui a-t-on répondu sèchement... »

Dans son bureau de bois sombre, Éric Trappier n'est pas homme à se laisser déstabiliser pour si peu : « Il a été évalué que nos premiers clients Rafale, l'Égypte, le Qatar et l'Inde, étaient des partenaires de la France sans risques vis-à-vis des forces françaises. On est dans un cadre étatique, à chacun ses responsabilités. Nous fabriquons des matériels pour le compte de l'État et l'exportation est sous son contrôle. On est fidèles à la politique française. Ce n'est pas notre responsabilité de savoir comment sont utilisés nos avions à l'autre bout du monde. On a quelques assistants techniques dans les bases, mais ce n'est pas à nous de savoir... »

3

L'APPAREIL D'ÉTAT

> « Attendez, je ne vous dis pas complètement non. France 5 est une chaîne publique. C'est l'État, non ? Donc on peut imaginer que vous ne ferez rien qui pourrait nuire aux intérêts de la France ? »
>
> Une communicante de Safran.

C'EST UN BÂTIMENT AUSTÈRE ET ÉLÉGANT. ULTRA-sécurisé. Sur le flanc ouest de l'hôtel des Invalides, au cœur de Paris, il abrite le Secrétariat général de la défense et de la sécurité nationale – le SGDSN –, probablement l'un des lieux les plus protégés de la République. Au travers de cet organisme, la France veille à l'« adaptation, la cohérence et la continuité de l'action de l'État dans le domaine de la défense et [...] de la sécurité[1] ». Le SGDSN est une vigie chargée de cerner les menaces pouvant affecter le pays, et notamment tout ce qui pourrait attenter à la protection du secret-défense.

Parmi ses prérogatives, la délivrance, au nom de la France, des autorisations d'exportation d'armes de guerre. Éric Trappier, le patron de Dassault Aviation, me l'avait laissé entendre, ces décisions sont prises au sommet de l'État. Sans ce précieux sésame, appelé « licence », il est parfaitement interdit de vendre à un pays tiers. Du Rafale au boulon, chaque industriel doit faire cette demande pour avoir le droit ne serait-ce que d'entamer des démarches commerciales.

Au sein du SGDSN, chaque mois, se réunit la Commission interministérielle pour l'étude des exportations de matériels de guerre : la CIEEMG. Elle traite la quarantaine de cas les plus problématiques. Le reste des 7000 demandes soumises chaque année est validé informatiquement.

Lors de ces réunions mensuelles, les services de renseignements et les Douanes peuvent exprimer un avis, mais seuls les représentants de trois ministères – les Armées, les Affaires étrangères et les Finances – possèdent une voix « délibérative ». Le secrétaire général de la Sécurité et de la Défense nationale préside au nom du Premier ministre ces séances auxquelles assiste également, à titre d'observateur, l'état-major particulier du président de la République... Évidemment, j'aurais souhaité pouvoir filmer l'une de ces réunions

1. Voir le site Internet du SGDSN : http://www.sgdsn.gouv.fr/.

afin d'en comprendre la teneur, sans, bien sûr, dévoiler de détails sur le matériel, les sociétés ou les pays destinataires. Mais non. À défaut, il aurait fallu pouvoir filmer cette salle, même vide, afin d'incarner ce lieu dont un mur serait orné d'une phrase du général de Gaulle : « La défense ! C'est la première raison d'être de l'État. Il n'y peut manquer sans se détruire lui-même. »

J'argumente sur le fait que plus l'État nous ouvrira ses portes, moins les citoyens fantasmeront sur ce qui se passe derrière. Mais non. Encore non.

Je tente un biais en sollicitant une rencontre avec Louis Gautier, qui fut le secrétaire général de cette institution jusqu'en mars 2018. Après de longs mois de silence, sa communicante m'explique qu'il ne souhaite pas que se produise « un télescopage entre son interview dans votre reportage et des images de conflits dans le monde. Cela ne correspond pas à ce que l'on vit ici, au SGDSN ».

Donc, non. Définitivement non.

Depuis, Louis Gautier a été remplacé par Claire Landais, l'ancienne directrice des affaires juridiques du ministère de la Défense de Jean-Yves Le Drian – mais elle n'accepte pas d'interview, pas plus que son prédécesseur.

La CIEEMG, au cœur de toutes les ventes d'armes de la France, là où tout est arbitré, là où tout se décide, est donc hors de portée pour le grand public. Une boîte noire dont rien ne doit filtrer.

*

« Je peux vous expliquer comment fonctionne le système mais je ne veux pas être cité... »

Il m'a fallu quelques détours pour approcher un « cieemgeur ». Non que ces hauts fonctionnaires soient rares. Un rapport du Parlement publié en 2014 évalue le réseau CIEEMG d'experts et décideurs à « environ 500 personnes ». Mais la peur, chez eux, est palpable. Plusieurs se dérobent tout en soupirs : « Si vous saviez... » D'autres sont plus explicites. « Les délibérations de la CIEEMG sont couvertes par le secret-défense. Tout ce qui relève de l'instruction des dossiers est classifié. Ceux qui en révéleraient les détails risquent du pénal... »

La crainte de perdre son poste, celle très forte de ces poursuites pénales (sept ans d'emprisonnement et 100 000 euros d'amende) le disputent chez ce fonctionnaire à l'envie de témoigner du soin qu'il a porté à son travail, de son souci de l'intérêt public. Lui qui affirme avoir traité, en trois ans, près de 15 000 dossiers de matériel de guerre.

« L'État a une liberté assez totale d'imposer des conditions aux industriels, qui s'en plaignent beaucoup, de suspendre ou d'abroger des licences lorsque les conditions changent. Par exemple, lorsque survient un coup d'État dans un pays africain. Dans certains cas malheureux, la presse en entend parler parce que notre décision intervient trop tard – *too bad* –, mais il y a d'autres cas – le Burundi par exemple – où nous avons réussi à empêcher l'exportation de matériel qui avait été initialement autorisée. C'est un système robuste. On ne vend pas n'importe quoi à n'importe qui. Il me semble que les Pays-Bas accordent des licences après la signature du contrat. Alors que notre contrôle intervient très en amont. Le taux de refus, de l'ordre de 5 %, est tout à fait comparable à celui des Britanniques. C'est finalement assez élevé car les industriels s'autocensurent beaucoup... »

Il accepte de me décrire l'une de ces séances.

« La réunion mensuelle de la CIEEMG est un peu théâtrale. Les choses sont très largement préparées, on connaît les positions des uns et des autres avant d'y aller. Mais ça peut être sportif entre les ministères des Affaires étrangères et de la Défense. Bercy est un peu plus effacé. Quand il y a vraiment des désaccords, que le sujet en vaut la chandelle – parce qu'on ne va pas demander à Matignon d'arbitrer sur deux pistolets en Afrique –, le SGDSN évitera de trancher lui-même. Une semaine ou deux après la plénière, il y a une réunion dite de "post-CIEEMG" qui se déroule à Matignon cette fois. Là, c'est un format beaucoup plus restreint, présidé par le conseiller diplomatique du Premier ministre. On n'en sort pas sans un arbitrage. Chaque mois, il y a ainsi une demi-douzaine de dossiers qui sont tranchés. Formellement, le président de la République n'est pas compétent sur ces sujets. Mais dans les faits, l'Élysée assiste à toutes ces réunions et donne son avis. Et évidemment, son avis "pèse" », conclut mon interlocuteur en riant.

Comment la France décide-t-elle d'accorder ces licences ? À quel pays refuse-t-on de vendre nos armes ? Quels sont les critères sur lesquels se fonde l'État pour décider ?

« Il y a un code de conduite, notamment pour les quelques dizaines de pays à problèmes et une classification pour l'équipement : il y a des technologies qui sont sensibles. Donc en plus des normes internationales – les embargos –, on se fixe à nous-mêmes des règles de doctrine renouvelées tous les six mois : ces directives de haut niveau (ou DHN) sont lourdement classées, je ne peux pas vous en dire plus… »

En 2000, un groupe de parlementaires avait tenté de faire la lumière sur le contrôle des ventes d'armes. La CIEEMG lui avait entrouvert ses portes. Mais les élus ont buté sur la classification de ces critères. Tout juste ont-ils pu obtenir quelques grandes règles : le risque militaire – c'est-à-dire la sécurité des forces françaises –, le risque de détournement, la solvabilité du pays client… Et, paramètre beaucoup plus flou, la situation intérieure du pays client : « La doctrine est que le non-respect des droits de l'homme n'implique pas *ipso facto* une interdiction générale. »

Ma source me décrit le rapport de force entre les ministères, qui défendent chacun un point de vue différent. Le ministère des Armées se soucie de la sécurité de la France. Le ministère des Affaires étrangères, de la stabilité géopolitique et du respect des traités signés par la France notamment. Enfin, le ministère des Finances s'inquiète de la capacité de paiement du pays acheteur. « Il est plus aisé pour la Défense d'obtenir des refus que pour les Affaires étrangères parce que ses avis sont motivés par des considérations techniques et de sécurité. Alors que ceux du MAE sont plutôt fondés sur des questions de stabilité régionale, de relations bilatérales et de droits de l'homme. »

De fait, le rapport parlementaire d'avril 2000 note qu'en cas de « contestations civiles » (soulèvements des populations locales) même « extrêmement sévères », si le pays n'est ni agressif ni belliqueux au plan international, l'autorisation d'exporter sera délivrée sans difficulté. Seules seront interdites les armes pouvant soutenir une répression intérieure. Le document des députés en dresse la liste : « Hélicoptères, véhicules blindés légers ou armes légères… Il nous a été répondu que les avions de combat voire les chars d'assaut de 40 ou 50 tonnes n'étaient pas des matériels utilisés contre les droits de l'homme. » Il est pourtant établi que des régimes autoritaires ou des armées, en Syrie ou au Yémen, visent des civils avec ces types de matériels. Cette distinction – des Rafale mais pas de fusils de précision, des corvettes mais pas de véhicules blindés – alimente les polémiques des années 2018-2019, notamment avec l'Égypte, où il semble que la France ne respecte pas ses propres règles.

Chaque ministère est très attaché à documenter précisément ce processus de décision afin de laisser des traces elles-mêmes classées « confidentiel-défense ». « Notre responsabilité était de faire en sorte que toutes les décisions d'exportation soient traçables, qu'il y ait des archives, afin de pouvoir déterminer les responsabilités si dans deux ans, cinq ans, dix ans on nous demande : "Pourquoi vous avez exporté ce truc ? Qui a pris cette décision ?" » me précise ma source au sein de la Commission interministérielle pour l'étude des exportations de matériels de guerre.

Car, aussi robuste qu'il soit, cet organe de contrôle reste avant tout marqué par la politique du gouvernement en place, et plus spécialement celle déterminée par l'Élysée : « Dès lors que François Hollande avait donné au gouvernement le mandat d'exporter, et confié à Jean-Yves Le Drian, le ministre de la Défense, la compétence exprimée en matière de soutien export, il est devenu très difficile de s'opposer à cette orientation politique. »

4

LA PRÉSIDENCE HOLLANDE

> « C'est l'objet de mon déplacement. Constater l'excellence de votre savoir-faire et vous témoigner ma gratitude. »
>
> FRANÇOIS HOLLANDE

SUR L'ÉCRAN, L'IMAGE EST UN PEU TREMBLÉE ET L'ON devine le caméraman bousculé par ses confrères, la cavalcade habituelle lors des déplacements d'hommes politiques. Une nuée de journalistes a investi une usine dont les portes me sont restées obstinément closes. « Tourner dans nos locaux ? Mais enfin, on ne peut pas vous laisser montrer un missile en train d'être fabriqué ! Le seul endroit où vous serez autorisée à aller, c'est la cafétéria. Et encore… » Mais ce jour-là, les communicants de l'usine ont dû céder aux conseillers de l'Élysée. Contraints par le staff de François Hollande de laisser les médias l'accompagner.

Le reportage débute avec la visite de la salle des maquettes. Le P-DG guide le président de la République, souriant, et les deux s'entretiennent d'un ton détendu.

« Ce missile, vous le connaissez bien, on a gagné toutes les compétitions ouvertes contre son concurrent américain. »

Des échanges convenus entre un chef d'entreprise vantant les mérites de ses produits et un chef de l'exécutif très à son aise. Presque un déplacement anodin. Dans une usine presque anodine. Entre eux, pas un mot sur ce qui s'est joué en France seulement quatre jours auparavant. Impossible de deviner le contexte explosif de ce tournage.

Ces images datent pourtant du 27 avril 2017. Emmanuel Macron et Marine Le Pen viennent tout juste de remporter le premier tour de l'élection présidentielle. Le même jour, la candidate du Front national se déplace à Nice pour un meeting de campagne. Emmanuel Macron se rend à Sarcelles pour parler de la diversité. Alors que la France s'interroge sur les reports de voix dans les deux camps, alors que le Parti socialiste, son parti, est en pleine déroute, celui qui est toujours président de la République a choisi, pour l'un de ses tout derniers déplacements officiels, de venir à Bourges, au cœur de l'industrie d'armement terrestre.

Et plus spécialement chez MBDA, le plus grand vendeur de missiles d'Europe… Un mastodonte qui emploie quelque 10000 personnes réparties entre la France (4300 employés), le Royaume-Uni, l'Italie, l'Allemagne et les États-Unis. Les années du mandat de François Hollande ont été fastes pour le groupe, dont le chiffre d'affaires – 3,1 milliards d'euros en 2017 – ne cesse de croître: «Nous continuons de voir l'avenir avec optimisme», se réjouit le P-DG. En quelques années, MBDA a absorbé, en France, les activités missilières de Matra et d'Aérospatiale. En Grande-Bretagne, celles de BAe Dynamics. En Italie, celles d'Alenia Difesa. De ses usines sortent les missiles Eryx, Exocet, Scalp, Meteor… vendus pour équiper les avions, chars et navires français ou directement à des pays étrangers. Dans le Golfe, à l'Arabie Saoudite et au Qatar…

Dans le Cher, ce géant européen est le premier employeur privé, avec 1600 collaborateurs. MBDA dispose d'une deuxième usine à quelques kilomètres de Bourges. Au milieu de centaines d'hectares de bois, la société teste ses missiles et les intègre aux véhicules et engins achetés par ses clients.

Comme à Mérignac, ces usines alimentent un écosystème qui leur est propice. À vingt kilomètres, se trouve la base aérienne d'Avord, l'une des plus grandes de France, où stationnent les avions-radars AWACS ainsi qu'une partie importante de notre force de frappe stratégique: des têtes nucléaires d'une puissance de vingt fois la bombe d'Hiroshima installées sur des missiles fabriqués par MBDA.

Dans les environs de Bourges s'étend le «polygone de tir». Deux kilomètres de large sur trente-cinq de long. Sur des milliers d'hectares, bordés par douze communes, sont expérimentés canons, missiles de courte portée ou mini-drones. Des armes destinées à la fois à l'armée française et aux acheteurs étrangers. Nexter, enfin, autre géant européen de l'armement terrestre, dispose de deux usines dans ce même département du Cher.

À l'origine de cette histoire industrielle, vieille de plus d'un siècle, une position géographique favorable : le centre de la France, loin des frontières et pas trop éloigné de Paris. Le Berry constituait alors une excellente zone de repli. En 1860, Napoléon III décida d'y créer la Fonderie impériale de canons. La Première Guerre mondiale finit d'installer Bourges et sa périphérie comme l'épicentre de l'artillerie en France.

De nos jours, un emploi sur cinq serait directement ou indirectement lié au secteur de la défense. Cette mono-industrie fait écran à toute discussion de fond sur le devenir de ces armes. Très rares sont les habitants qui la remettent en cause. « Dans la région, ces entreprises sont très acceptées parce que ce sont les seules. Sans la défense et l'armement, sur Bourges, il n'y a plus rien… », plaide un ancien soldat de la base d'Avord, à l'origine d'un petit musée où il expose munitions inertes et anciennes pièces militaires.

Dans le Cher, le travail fait défaut. Comme à Montluçon, dans l'Allier, où sont fabriqués les drones de Safran, premier employeur privé du département. Comme à La Ferté-Saint-Aubin (Loiret) où, dans la vaste Sologne, Thales produit ses obus de

120 millimètres. Comme à Fourchambault, près de Nevers, où Arquus est le deuxième employeur de la région. Ou enfin comme à Tulle en Corrèze, l'ancien fief de François Hollande, où Nexter emploie toujours une centaine de personnes. Dans toutes ces régions, le déclin est palpable. Autant de territoires fragiles où les seuls emplois décents, les seuls qui irriguent encore les villes, sont ceux proposés par l'armement.

Avec ses panneaux publicitaires et ses commerces à l'abandon, Bourges elle-même (66 000 habitants) porte les stigmates de cette dynamique mortifère. En plein centre, le toit percé d'une ancienne discothèque laisse pousser un jeune peuplier. Et d'un ancien restaurant aux fenêtres désormais condamnées, seules subsistent les lettres de son enseigne, *Le Progrès*.

Même les extérieurs de l'usine MBDA, pourtant si bien portante, où déambule François Hollande en ce jour d'avril 2017, semblent un peu vétustes, un peu tristes.

On suit le président à l'intérieur. Il serre les mains des employés. Leur exprime gratitude et félicitations. L'un d'eux veille sur un très long tube gainé d'un film plastique qui tourne sur lui-même et l'on a un mal fou à faire le lien entre cette activité inoffensive et un segment de missile.

La visite se termine sur les mots de François Hollande. Un discours d'une vingtaine de minutes au phrasé lourd et un peu ennuyeux. L'un des tout derniers dans ses fonctions de président de la République française. Un pupitre de couleur crème, frappé du logo *MBDA-Missile Systems*, a été installé pour l'occasion. Le son n'est pas très bon, on perçoit l'écho renvoyé par l'immensité du bâtiment. Derrière le chef de l'État, un certain bric-à-brac au milieu des drapeaux français et européen.

« Ces contrats à l'exportation n'ont jamais été aussi élevés. Jamais on n'avait vendu autant qu'en 2015-2016... C'est une source de fierté pour le président, mais qui doit être partagée par tous les Français qui ne se rendent pas toujours compte de ce que nous représentons lorsque nous sommes avec les industriels à l'étranger pour présenter nos technologies. Dans l'industrie de défense, nous sommes incontestablement les meilleurs... »

*

Quelques semaines plus tard, je suis revenue me poster à l'entrée de l'usine pour y rencontrer, cette fois, un militant de la CGT. Comme à Mérignac, seule la protection offerte par une appartenance syndicale permet de délier les langues. Il fait exceptionnellement chaud ce jour-là. Nous avons marché jusqu'à un café où de rares clients étanchaient une soif matinale. Patrick Baudouin, salarié de MBDA, m'a exposé l'ambivalence suscitée par la situation florissante de l'armement. Il n'a pas non plus caché ses inquiétudes.

« Si je me place du point de vue de mon entreprise, la présidence Hollande a été marquée par les contrats et les profits. Si je me place d'un point de vue politique, il y a un problème... Durant son quinquennat, la distinction entre les pays qui avaient besoin de s'armer pour se défendre et ceux qui le font pour faire de l'expansion a été perdue de vue. Je pense notamment à l'Arabie Saoudite au Yémen.

« À terme, prévient Patrick Baudouin, les grands contrats exports ne sauveront pourtant pas l'emploi dans la région parce que la volonté des pays clients est de faire du transfert de technologie : or à partir du moment où les pays se seront approprié notre savoir-faire, ils fabriqueront eux-mêmes leurs armes. L'Inde, par exemple, a toujours été un pays très attaché à ces compensations. Les pétromonarchies ont aussi cette volonté de créer leur propre industrie. »

MBDA embauche pour l'heure à tour de bras et diffuse de nombreuses offres d'emploi dans le département du Cher.

« Après des années et des années de diminution d'effectifs, on a atteint un socle tellement bas qu'en effet il va falloir recruter pour produire. »

Lui-même a intégré la société – qui s'appelait à l'époque Aérospatiale – dans les années 1980, à l'issue de ses études. « J'avais une formation de technicien, et c'était la grande entreprise locale. C'était presque "naturel". Je savais qu'elle fabriquait des avions. J'ignorais qu'elle produisait des missiles. Maintenant je sais à quoi servent nos produits. Parfois j'y pense. Quand je vois à la télévision les combats en Afghanistan et des bombes qui tombent sur les populations civiles, je me dis que j'y participe. »

L'homme n'échappe pas aux états d'âme, tout comme ses collègues syndiqués de chez Dassault. On devine le même désarroi, le même écartèlement intellectuel, politique et social.

« Pour autant, je ne peux pas prendre tous les malheurs de la terre. Je ne veux pas culpabiliser. Et je me dis qu'il faut que je travaille de plus en plus pour la paix tout en sachant qu'on doit quand même avoir une force capable de nous défendre. C'est compliqué. Je vis avec ça… »

*

Ces questions morales, François Hollande les a lui-même évoquées lors de son discours du 27 avril 2017 au cœur même des locaux du missilier MBDA :

« Il y en a certains qui nous disent : "Est-ce qu'il faut exporter des armes ?" C'est un sujet que je comprends. Est-ce que c'est notre rôle de vendre des armes ? À chaque fois, il y a des gens qui sont très heureux et d'autres qui nous disent : "Est-ce que c'est notre rôle ?" Oui c'est notre rôle […] Le risque, c'est que d'autres le fassent à notre place. Le risque aussi, c'est que nous ne soyons pas capables de continuer à fabriquer pour nous ces matériels. Et que nous soyons progressivement asphyxiés. Il faut être sûr que ces armes ne tomberont pas dans des mains dangereuses […] Alors, vive MBDA, vive la République, vive la France et grand espoir pour Bourges et le Cher. »

Depuis, François Hollande a décliné toutes mes demandes d'entretien. Il n'a pas souhaité revenir sur cette « grande fierté » ni sur la nécessaire sauvegarde de ces territoires fragiles.

Lui qui commente si facilement, qui a publié ses Mémoires à peine un an après son départ, n'a plus jamais dit un mot à propos des ventes d'armes.

« Ça ne lui plaît pas... Enfin, je veux dire que l'industrie de l'armement est un sujet sur lequel il ne préfère pas s'exprimer... », justifie, laconique, son attaché de presse.

Il s'agit pourtant d'un sujet majeur de sa présidence. 24 Rafale vendus à l'Égypte, 24 au Qatar, 36 à l'Inde, des corvettes et une frégate, 12 sous-marins à l'Australie, des missiles, des véhicules de combat, des satellites... 17 milliards d'euros de commandes en 2015, plus du double de l'année précédente, 14 pour l'année 2016, autant de records historiques. Au cours de son mandat, la France est même devenue le troisième exportateur mondial du secteur. Selon les derniers chiffres publiés par le Stockholm International Peace Research Institute (SIPRI) en mars 2019, les exportations ont même augmenté de 43 % entre les années 2009 et 2013 et les années 2014 et 2018.

Dans le sillage de François Hollande, aucun de ses premiers ministres n'a donné suite à mes demandes. Ni son ministre de la Défense, Jean-Yves Le Drian, qui est pourtant le grand artisan et la cheville ouvrière de cette politique de vente d'armes aussi inédite que florissante. Sous la Ve République, les exportations d'armement sont selon l'usage le domaine réservé de l'Élysée. Mais au cours du quinquennat de Hollande, le centre de décision s'est déplacé pour s'agréger autour d'une cellule dédiée aux exportations et constituée par Jean-Yves Le Drian, pilier du

Parti socialiste, au sein de son propre ministère, la Défense. Cette cellule, appelée « équipe France », est portée aux nues par les industriels, et ses membres sont devenus incontournables au cœur même de l'appareil d'État. Presque intouchables.

5

« L'ÉQUIPE FRANCE »

« Évidemment, je ne vous ai jamais rencontré, on ne se connaît pas et vous n'êtes absolument pas interviewable, c'est ça ?
— Voilà… »

LA PHOTO, PRISE À NEW DELHI, DATE DU 23 SEPTEMBRE 2016. Au centre, Jean-Yves Le Drian, le ministre de la Défense, serre la main de son homologue indien. À gauche, l'ambassadeur français. Et encore plus à gauche, un jeune homme souriant, classeur bleu vif en main, et qui semble un peu trop frais pour poser aux côtés de toutes ces personnalités. Luis Vassy, 35 ans, est pourtant conseiller diplomatique du ministre et membre éminent de l'« équipe France ». À l'issue de neuf mois de négociations intenses, l'Inde vient de signer avec la France un contrat d'achat de 36 avions Rafale. Un accord salué comme « le plus élevé jamais décroché par l'aéronautique militaire française » mais devenu ensuite l'objet d'une vive polémique.

La petite table qui a servi à sa signature a sans doute été déplacée par le photographe. On devine des bureaux étriqués, sans éclat, empreints de l'ambiance pesante de la bureaucratie indienne. On est loin des dorures et du faste des signatures au Qatar ou en Égypte, des marches cadencées au son des hymnes respectifs. Une communication minimale pour un contrat de 8 milliards d'euros – l'équivalent d'un an et demi du budget fédéral indien consacré à la santé[1]. Hors champ se tient Éric Trappier, le P-DG de Dassault Aviation, qui épinglera dans la foulée un pin's en forme de Rafale à la boutonnière de Jean-Yves Le Drian. Pour la première fois aussi officiellement, le ministre rend un hommage appuyé à son « équipe France », les artisans de sa stratégie de vente d'armes. Et l'on devine qu'il suscite le sourire discret du jeune Luis Vassy.

« Ce sont des hommes et des femmes de l'ombre que je veux remercier, ce que l'on fait rarement. Vous qui êtes ici, vous les connaissez : Cédric Lewandowski, mon directeur de cabinet, Luis Vassy, mon conseiller diplomatique, et Bruno Gruselle, son adjoint, Christophe Salomon, mon conseiller industriel... La loi de programmation militaire de 2013 fixait l'objectif de 40 avions exportés. Nous avons fait le double ! »

1. Le budget de la Défense français représente trente-deux fois celui de la Santé.

Pour comprendre l'essor des exportations – et les questions qui en découlent –, il faut s'attarder sur le fonctionnement de cette « équipe France » et son organigramme. La pièce maîtresse de ce dispositif s'appelle Cédric Lewandowski, alors âgé de 47 ans, le « dircab » qui orchestre les ventes d'armes depuis son bureau parisien, jouxtant celui du ministre. C'est un homme puissant et craint. Brutal ou meneur selon qui le décrit. Travailleur acharné, réputé franc-maçon[2] et déjà membre du cabinet de la Défense en 1997. Il préside le COMED, le Comité ministériel des exportations de défense. Un rouage essentiel créé en décembre 2012 et qui rassemble une fois par mois les acteurs impliqués, soit une trentaine de personnes. Lors de cette réunion, qui se tient au rez-de-chaussée du ministère de la Défense, l'ordre du jour est établi par Bruno Gruselle, 47 ans, conseiller diplomatique adjoint et ingénieur de formation. Lui coordonne la stratégie française, quand le suivi quotidien des négociations revient à Luis Vassy (au parcours classique, Sciences-po, Normale sup, ENA), le jeune homme souriant sur la photo prise à New Delhi. Christophe Salomon, polytechnicien de 43 ans, conseiller industriel du ministre, fait le lien avec les vendeurs. À cette cellule, il faudrait ajouter Jean-Claude Mallet, 61 ans, immuable conseiller d'État, l'auteur de tous les Livres blancs de la Défense depuis vingt ans, y compris celui de François Hollande, et déjà présent au ministère du temps de Charles Millon (1995-1997). En arrivant à

2. *Le Figaro magazine*, 23 juin 2017.

l'Élysée, Emmanuel Macron a pris soin de démanteler cette cellule, trop puissante. Jean-Yves Le Drian s'est vu proposer le ministère des Affaires étrangères et refuse de me parler. Luis Vassy, demeuré à ses côtés, dirige mes sollicitations vers une attachée de presse.

Désintégrée, « l'équipe France » protège toujours ses secrets. Cédric Lewandowski, revenu chez EDF à la direction exécutive du groupe et désormais plus libre de sa parole, n'a pas souhaité non plus s'exprimer. Christophe Salomon, parti également chez EDF, et Bruno Gruselle, devenu directeur adjoint de l'ENSTA Bretagne[3], ont également décliné mes demandes… Enfin, Jean-Claude Mallet a laissé mes SMS sans réponse. On m'avait prévenue : « Mallet, c'est une huître… » Quant aux membres moins impliqués de la cellule, pas question de prendre des initiatives. Alors il faudra me contenter de confidences *off*.

*

Le premier reçoit dans l'un de ces bureaux dont la vue permet d'évaluer la puissance de son occupant. On devine chez lui la nostalgie d'une époque intense : « Cela a été des années exceptionnelles. Très tôt dans le quinquennat, nous avons fait le constat que notre souveraineté était intimement liée à l'industrie de défense. À vrai dire, dès l'opération *Serval* au Mali. Nous nous sommes aussi rendu compte

3. Établissement public d'enseignement supérieur sous tutelle de la direction générale de l'Armement (DGA). Une école où ont été formés des cadres militaires saoudiens.

que ses budgets étaient de plus en plus contraints. Pour la sauver, nous avons fait un pari : les exportations d'armement. Nous avons pensé pouvoir faire ce qu'aucun gouvernement n'avait réussi : vendre le Rafale à l'export et ainsi garder cet outil de puissance. Le postulat était de décaler les livraisons d'avions pour la France afin de dégager des moyens pour d'autres programmes d'équipement. Ces avions qui ne seraient plus livrés à notre armée, on les exporterait pour éviter les trous dans la chaîne de fabrication de Dassault… C'est ainsi qu'a été conçue notre loi de programmation militaire. L'équilibre du budget reposait sur ces revenus certes hypothétiques. Pour cela, il fallait un outil. Nous avons créé le COMED, qui fonctionnait comme une interministérielle, avec des industriels, des militaires, des diplomates, des membres de la DGA, de Matignon, du ministère de l'Économie, des services spéciaux… L'idée était d'échanger sur tous les grands contrats pour fluidifier les passages en CIEEMG[4] et casser la concurrence féroce et parfois mortifère entre industriels. Nous pouvions ainsi suivre les offres et créer un esprit collectif. C'était ça, "l'équipe France". Jean-Yves Le Drian s'est un jour vanté devant des journalistes d'avoir consacré un tiers de ses déplacements – 256 voyages, 64 pays, 1,5 million de kilomètres – à l'armement… C'est vrai ! Et le résultat pour le Rafale a été à la hauteur de nos espérances. Évidemment, je sais bien que nous avons

4. Commission interministérielle pour l'étude des exportations de matériel de guerre.

enrichi la famille Dassault. Mais ce sont des patriotes ! Pour Jean-Yves Le Drian, la règle d'or était de toujours coucher ! Alors on s'entend : "coucher", c'est juste passer la nuit là-bas. Au Moyen-Orient, le relationnel est très important. C'est ainsi qu'il a arraché la signature des Émirats pour l'achat d'un système satellitaire. Mohammed ben Zayed al-Nahyan, le prince héritier d'Abou Dhabi, principal État de la fédération des Émirats arabes unis, avait promis qu'il signerait à la troisième visite du ministre. Mais la journée passait et rien ne venait. MBZ, comme on l'appelle, a dit à Le Drian : "J'aime beaucoup votre offre, mais j'ai encore besoin d'un petit peu de temps." Le Drian, du tac au tac : "Combien ?" MBZ lui dit : "Oh, au moins une journée ou deux." Ce qui est une manière diplomatique de dire : "Trois ou quatre mois." Alors Le Drian l'a pris au mot et a décidé de rester le lundi soir et puis encore la journée du mardi. Il lui a dit : "Pas de problème, je reste là. Je suis à votre disposition. Je dors ici, et je passe autant de temps que vous voulez, j'ai mes équipes avec moi, Paris est disponible, donc on se voit et on règle ça dans les jours qui suivent." Le lendemain ou le surlendemain, ils ont signé ! Vous imaginez la galère pour nous : l'agenda d'un ministre est calé six mois à l'avance, quand il passe deux jours de plus dans un pays, ça chamboule tout. Mais ça a contribué à créer une relation spéciale. MBZ a été tellement impressionné par cet investissement personnel qu'il a fait une pub incroyable à Le Drian par la suite. D'ailleurs, nous avons été vraiment très près de signer le Rafale avec eux, mais c'était vers la fin du quinquennat, et je pense que les autorités des Émirats se sont dit qu'il était difficile de conclure un accord si déterminant avec une équipe sur le départ. À l'époque, ils pensaient que François Fillon serait président… »

Ces succès – notamment au Moyen-Orient – seraient à mettre au crédit d'une « méthode Jean-Yves Le Drian », que cette source me décrit en détail : « C'est le facteur humain. Il a réussi à installer quelque chose qui n'existait pas auparavant, une très forte relation de confiance avec les plus grands dirigeants de cette région. »

Un peu de politique, un peu d'organisation, beaucoup de séduction. « Jean-Yves Le Drian laisse le temps au client de choisir. Il se montre d'une infinie patience, il écoute. Il a ce côté un peu taiseux. »

Jean-Yves Le Drian bannit également toute annonce prématurée. « Il n'y a jamais eu de déclaration à l'emporte-pièce disant : "Ça y est, on a vendu." C'est un changement de posture. »

*

Une seconde source garde également de cette époque des souvenirs enthousiastes.

« Au ministère, c'étaient des sujets "bonnes nouvelles" ! Ça changeait des conflits, des mecs qui décèdent en opération. […] Avant – et notamment sous Sarkozy –, c'était le président lui-même qui allait voir les hommes politiques de son niveau. Mais ça n'était pas cadré, les industriels revenaient dans les pays et disaient : “Attendez, on ne peut pas faire ça, ça coûte beaucoup plus cher…” Les militaires ou les diplomates avaient de leur côté des rencontres avec leurs homologues et tenaient encore un discours différent. Au final, la voix de la France apparaissait dépareillée et, du coup, n’inspirait pas confiance. Le COMED a tout changé. Une fois par mois, on définissait la stratégie pour chaque programme. Pour la première fois, quand un interlocuteur parlait avec différents acteurs, il avait tout le temps le même son de cloche. L’équipe était en permanence à la manœuvre pour convoquer les industriels, mettre à jour une offre, changer quelques paramètres en fonction des retours qu’ils auraient pu avoir, par exemple d’une ambassade. C’est la force du “chasser en meute”. Jean-Yves Le Drian a bien été le VRP de l’armement. Tout le monde disait : “C’est encore plus drôle que ce soit un ministre de gauche qui arrive à faire ça.” Serge Dassault – un connaisseur – disait de lui : “C’est le meilleur ministre de la Défense que j’aie jamais connu.” »

Pour tous, la vente, en avril 2016, des 12 sous-marins de Naval Group (à l’époque DCNS) à l’Australie reste également inoubliable. Inattendue aussi. « Tony Abbott, le Premier ministre à l’époque, avait tenu à Jean-Yves Le Drian des propos hallucinants. En gros, il voulait bien que la France participe à l’appel d’offres, mais ils avaient déjà leur idée en tête. Ils voulaient se servir de nous pour faire le lièvre – et améliorer ainsi la qualité des propositions concurrentes ! Là, c’est l’excellence de l’équipe DCNS qui a joué, mais aussi le fait que Le Drian y a cru. Il a mouillé la chemise et effectué plusieurs allers-retours sur place. » Le ministre de la Défense, seul à croire réellement à un succès possible, s'est déplacé pour défendre, sur place, l'offre française. « L'Australie, c'est quand même vingt-quatre heures de vol aller, vingt-quatre heures de vol retour. En plus, ce contrat ne peut souffrir aucune contestation, ceux qui veulent nous raconter que l'Australie est une dictature ou qu'elle ne respecte pas les droits de l'homme peuvent toujours s'accrocher[5]… »

Mon interlocuteur, volontiers prolixe à propos de l'engagement du ministre auprès de Canberra, se fait beaucoup moins disert lorsque je tente d'évoquer la question des ventes à l'Égypte.

« Oh, vous savez, Jean-Yves Le Drian est quelqu'un de très pragmatique… »

*

L'« équipe France » élargie compte aussi des parlementaires. Le plus fervent d'entre eux s'appelle Gwendal Rouillard. C'est le seul proche de l'ancien ministre de la Défense à avoir accepté de m'accorder une interview. Il détache ses mots, articule des phrases qu'il tente de rendre définitives tout en me fixant droit dans les yeux : « Je suis un pa-tri-ote, avant tout. » Responsable à 26 ans de la fédération du Parti socialiste du Morbihan, Gwendal Rouillard fut aussi

5. On notera cependant que la France a cédé à toutes les demandes australiennes : 100 % des sous-marins seront fabriqués sur place.

l'assistant parlementaire de Jean-Yves Le Drian. Depuis 2011, il a pris sa place dans l'hémicycle. Dans son bureau de député à Paris, partout des maquettes de navires de guerre, d'avions de chasse : « C'est une passion... » Gwendal Rouillard siège à la commission de la Défense nationale et marche dans les pas de Jean-Yves Le Drian. Un atout de poids pour sa circonscription, qui abrite notamment Naval Group – les corvettes Gowind étant fabriquées à Lorient. Il l'a accompagné sur les théâtres d'opérations, chez les acheteurs d'armement et durant les négociations, lors de la phase finale du contrat Rafale au Qatar par exemple : « Je me souviens de la cohérence de sa démarche. L'industriel est dans son rôle. Lui définit la stratégie – un partenariat dans la durée entre deux États. Jean-Yves Le Drian, c'est un faiseur de confiance. »

Quand Gwendal Rouillard parle du Rafale, il consulte du regard son attachée parlementaire :

« Corrige-moi si je me trompe... »

Je m'étonne :

« Vous êtes une spécialiste de l'aéronautique ? »

L'assistante élude comme elle le peut :

« Non, j'ai fait un stage de neuf mois chez Dassault. »

Gwendal Rouillard porte la France en bandoulière et le drapeau du Liban sur la coque de son téléphone portable. Il a épousé une Libanaise et annoncé qu'il arrêterait la politique en 2022 pour s'installer là-bas : « Ces vingt années de vie républicaine et de moments exceptionnels auprès de Jean-Yves

Le Drian vont me servir dans ma nouvelle vie », a-t-il déclaré au quotidien brestois *Le Télégramme*. Une source plus proche de l'Élysée tempère ces souvenirs flamboyants : « Les succès de Jean-Yves Le Drian ne reposent pas uniquement sur le fait qu'on ait été formidablement bons. Il y a eu aussi à un moment une sorte de passage à vide dans les relations entre les États-Unis et certains pays, qui ont alors choisi de diversifier leurs fournisseurs. Et puis la conjoncture est porteuse : le monde se réarme massivement. »

*

Pour mettre en œuvre cette politique, Jean-Yves Le Drian n'a pas été gêné par l'opposition. Le 23 septembre 2016 à New Delhi, à la fin de son discours, il a d'ailleurs su rendre hommage à ses adversaires politiques : « Dans ce domaine stratégique, nous avons bénéficié d'une remarquable unanimité. Je veux saluer les députés et sénateurs de droite et de gauche qui m'accompagnent. » Il est vrai qu'en France existe depuis toujours un réel consensus en la matière... « Lorsque les uns et les autres sont aux responsabilités, ils se rendent compte que cela implique un certain pragmatisme. Entre les grandes déclarations théoriques, pour aller dans l'air du temps, et le fait de gouverner, il y a parfois un écart », m'explique Michèle Alliot-Marie. L'ancienne ministre de la Défense (2002-2007) fait partie des rares politiques à avoir eu le privilège de voler sur le Rafale. Au Maroc notamment : « En CIEEMG, l'acceptation par le ministère des Finances peut être un problème. La question de la capacité financière du pays acheteur est parfois déterminante. Ces contrats représentent des montants extrêmement importants. La position très stricte du ministère des Finances avait à l'époque été bloquante pour vendre le Rafale. Cela a visiblement moins gêné Jean-Yves Le Drian que moi. »

Pierre Joxe, ministre – socialiste – de la Défense dans l'un des gouvernements de François Mitterrand (1991-1993), décrit un processus aussi subtil qu'aléatoire. « Avoir des clients qui ont acheté nos avions, nos blindés ou nos navires, etc., permet de disposer d'un cercle d'amis internationaux dans le domaine diplomatico-militaire. L'exportation est aussi évidemment capitale pour faire baisser le prix de revient de ces armes pour la France. C'est très compliqué et un peu secret parce qu'on ne peut pas dévoiler toutes ses cartes. Pour lancer la fabrication, on fait des hypothèses. Au départ, personne ne sait si un projet va réussir, se développer, convaincre et, encore mieux, réussir à l'exportation. Beaucoup de gens mentent, bluffent, racontent des coups, parient. C'est comme au poker. Si on gagne, on dira qu'on est vraiment meilleur. En vérité, ça ne peut pas progresser de façon totalement rationnelle. » Mais à propos du Yémen et du conflit avec l'Arabie Saoudite, Pierre Joxe répond sans ambiguïté : « La poursuite des ventes d'armes à l'Arabie Saoudite est un grave cas de conscience qui n'est pas clairement exposé aux Français. C'est certainement une erreur. Je pense qu'elle va s'interrompre... »

Durant le premier mandat de Jacques Chirac, Charles Millon, qui fut son premier ministre de la Défense (1995-1997), a signé pour la France la première commande de Rafale à Dassault, en 1997. Il plaide pour l'équilibre entre industrie, exportation et indépendance du pays. « Ces questions-là sont souvent difficiles à aborder parce que ce sont des montants qui pourraient impressionner les Français. Mais notre indépendance n'a pas de prix, il faut continuer à avoir une industrie d'armement et pour cela il faut exporter. » Lui-même avait tenté de réorganiser l'industrie de l'armement pour la rendre plus efficace, plus opérationnelle. « On peut se féliciter aujourd'hui d'avoir un outil qui, sous l'angle technique, stratégique et commercial, est exceptionnel. » Il se réjouit des succès de l'« équipe France ». Mais lui aussi se montre critique sur le cas de l'Arabie Saoudite : « C'est étonnant, le peu d'intérêt des médias et de la diplomatie pour cette guerre du Yémen. On ne devrait pas laisser faire ce blocus qui interdit de vivre à des enfants, des vieillards ou des familles entières… La France peut tout à fait arrêter de vendre à un client aussi important que l'Arabie Saoudite. Elle a déjà montré qu'elle pouvait le faire. En son temps, le général de Gaulle avait bloqué les exportations vers Israël. Une décision qui n'avait pas dû être facile à prendre. » Charles Millon a souhaité clore notre entretien en rendant « hommage aux hommes et femmes du ministère de la Défense. Il y a véritablement une conscience professionnelle, un attachement à une droiture, une honnêteté qu'il faut souligner… ».

Puis, il s'est enquis, un peu gêné :
« Ça va, je n'ai pas été trop langue de bois ?
– Si un peu quand même ! Mais bon, comme tout le monde sur ce sujet... »
L'ex-ministre, qui consacre désormais 40 % de son temps au « lucratif » en conseillant les entreprises intéressées par ses compétences « préalablement acquises dans le secteur de la Défense », soupire :
« Ah, c'est impossible de tout dire. Et il y a des choses que nous-mêmes n'avons pu vérifier... »

*

L'unanimité des anciens ministres de la Défense connaît cependant une exception : Paul Quilès, qui fut le dernier ministre de la Défense (1985-1986) de François Mitterrand avant que survienne la cohabitation, et qui présida notamment la commission de la Défense de 1997 à 2002 à l'Assemblée nationale. Il a accepté de me rencontrer à l'occasion du Luxembourg Forum, qui réunit chaque année, sous le patronage de la Russie, des experts de la non-prolifération nucléaire. L'événement se tient dans la salle de conférences du luxueux hôtel *George V*, près des Champs-Élysées, où je croise Tony Blair à mon arrivée. D'emblée, Paul Quilès exprime sa colère contre le traitement médiatique du prix Nobel de la paix remis trois jours plus tôt à l'ICAN, la Campagne internationale pour l'abolition des armes nucléaires, un réseau d'organisations dont il est proche. « Les grands prêtres du nucléaire sont invités partout, sur tous les plateaux, ils considèrent que, bon, ce Nobel, c'est une plaisanterie, ce n'est pas sérieux. J'ai même déjà entendu dans une réunion sénatoriale que nous étions des "contestataires". Débat public et médiatique, zéro. Débat parlementaire, quasi nul. Il n'y a pas qu'en France, mais en France, c'est particulièrement caricatural. » J'ai face à moi le seul ancien responsable français de la Défense véritablement critique envers les industries d'armement. L'interview se déroule lors d'une pause dans un petit salon tout en dorures et tentures pourpres mis à la disposition de la presse :

« Marcel Dassault était un ingénieur formidable, mais sur le plan politique c'était autre chose. Début 1986, alors que nous venions de mettre au budget le premier prototype du Rafale, il est venu me trouver. Il m'a longuement expliqué l'histoire des avions Dassault – qui est formidable. Il m'a exposé les qualités du Rafale, la "merveille des merveilles", l'aboutissement de toute sa vie. Il était déjà relativement vieux, c'était assez émouvant. Là où c'est devenu moins émouvant, c'est lorsqu'il a exigé que nous mettions au budget non pas un mais quatre prototypes ! Je lui ai répondu : "*Protos*, en grec, ça veut dire 'un/premier', donc il n'y en aura qu'un." Il m'a dit qu'il serait alors obligé de supprimer 1 500 postes de son bureau d'études de Saint-Cloud. Un chantage à l'emploi pur et simple… J'ai résisté mais je me suis dit que s'il faisait ça avec un ministre de la Défense et de façon aussi brutale, c'était qu'il devait avoir l'habitude d'obtenir des résultats. […] Une autre fois, Jean-Luc

Lagardère, un autre grand patron de l'industrie de l'armement – qui comme Dassault détenait d'importants médias… –, est venu me trouver à mon retour de Washington. J'y étais allé expliquer au ministre américain de la Défense mon opposition à l'IDS, l'Initiative de défense stratégique, c'est-à-dire la guerre des étoiles[6], la grande idée de Ronald Reagan. Jean-Luc Lagardère m'a presque engueulé : "Est-ce que vous vous rendez compte des contrats que vous allez nous faire perdre ?" J'étais complètement estomaqué… Le sujet était la sécurité du monde ! Pas les contrats qu'il allait gagner ou perdre ! Que ces grands patrons s'intéressent au développement de leur entreprise, à l'emploi, au chiffre d'affaires, rien de plus normal. »

Paul Quilès fulmine contre le mélange des genres qui brasse patriotisme, indépendance, industrie et médias pour donner ce fameux lobby militaro-industriel.

« Le problème est quand cela prend le devant par rapport aux soucis géostratégiques, à l'analyse politique, aux décisions politiques, c'est là qu'intervient ce lobby qui a dans notre pays une influence évidente. L'exportation au nom de notre autonomie militaire, de notre indépendance de production est un dogme que ce lobby assène et que personne ne discute plus. Dassault fabrique du matériel de guerre, c'est une

6. L'Initiative de défense stratégique (IDS), dite aussi « guerre des étoiles », a été lancée en mars 1983 par le président Ronald Reagan. Il s'agissait d'un projet de défense anti-missile destiné à protéger les États-Unis d'une frappe nucléaire venue de missiles balistiques intercontinentaux lancés notamment par des sous-marins.

responsabilité lourde mais ça n'a rien à voir avec le fait d'être ou non patriote. Ce n'est pas à eux de définir le patriotisme. Ni la meilleure façon d'assurer la sécurité du pays. C'est une décision qui doit être de nature politique. Assumée par des gens élus pour faire certains programmes dans un certain contexte, avec certaines valeurs.»

Il dénonce la vente du Rafale comme un acte purement industriel et financier, dans un grand élan occultant les véritables enjeux des contrats passés notamment avec l'Inde.

«Sous la présidence de François Hollande pas plus qu'aujourd'hui, poursuit l'ex-ministre, je n'ai vu d'analyse dans les choix des destinataires, de concepts clairement établis. Est-ce que le fait de justifier les ventes d'armements par l'augmentation de l'emploi a vraiment du sens? On pourrait aussi exporter un tas de produits dangereux pour la planète: les armes chimiques, ça se vendrait très bien, par exemple! Je ne suis pas naïf, je sais comment marche le monde, je sais ce que représentent les emplois de ces industries pour un élu local, mais au bout d'un moment, quand on affiche des valeurs, la contradiction est tellement forte que les gens ne croient plus en vous. De toutes les ventes d'armes récentes, celle du Rafale à l'Inde m'a le plus choqué. Vous lirez partout que c'est formidable. Mais écoutez ce qu'a déclaré le chef d'état-major de l'armée indienne: il a choisi le Rafale "essentiellement pour sa capacité à porter une arme nucléaire"! Officiellement, la France lutte contre la prolifération, et là, d'une certaine façon, elle la favorise au nom de l'emploi, de sa balance commerciale et du chiffre d'affaires de Dassault ! Quand François Hollande en fin de mandat se déplace chez MBDA, et dit : "On doit vendre parce que si ce n'est pas nous, ce sera d'autres", ça me choque terriblement. Cela revient à cesser de réfléchir à ce que signifie le surarmement mondial, la course actuelle aux armements. Moi, je suis socialiste, je suis un adepte de Jaurès. Je ne crois pas au pacifisme béat et irresponsable. Je crois à la recherche au niveau international d'un degré maximal de sécurité par le dialogue. »

6

SECRET-DÉFENSE ET OMERTA

« Au salon du Bourget, l'idéal – si vous voulez qu'on discute – serait de venir sans caméra. Filmer les stands et les visiteurs ? Ce n'est pas très apprécié parce qu'il y a des pays qui n'aiment pas être vus à la télé... »

Le chargé de communication
d'un industriel.

ENQUÊTER SUR LES VENTES D'ARMES FAIT PARFOIS sourire mes confrères journalistes tant est admise l'idée... que personne n'en parlera. Les plus sympathiques des attachés de presse s'amusent bien avec moi : « Vous voulez filmer une CIEEMG... ? Ah, Ah, Ah... » Mais puisque tous les bords politiques, à quelques exceptions près, sont unanimes pour saluer nos « performances » en la matière, pourquoi cette omerta ? Ce malaise ?

Jean Guisnel, journaliste au *Point* et spécialiste de longue date des questions militaires, tente de m'éclairer : « Ce n'est pas particulièrement contre vous. C'est ainsi, c'est la France. Tout est couvert par le secret-défense. Tout. Absolument tout. C'est complètement grotesque. Autant il y a des choses – la longueur d'onde du machin, le micro-poil d'alliage du truc, ou les 14 millions de lignes de code du bidule – oui, ça, c'est du secret légitime. Évidemment... Mais la prise de décision politique, les positions des uns et des autres, le débat légitime au sein de l'appareil d'État n'ont aucune raison d'être couverts par le secret-défense. Ces gens du gouvernement vendent des armes en notre nom, mais en plus ces ventes d'armes nous rapportent de l'argent à nous, contribuables. L'État français est propriétaire pour une proportion notable de ces industries d'armement qui dégagent des bénéfices. Or les bénéfices de l'État actionnaire, ce sont les nôtres. Mais dans l'appareil d'État, si je ne vais pas chercher les infos avec les dents, on ne va pas me les donner. Heureusement qu'il y a des gens qui sont conscients de cela et qui acceptent de parler à des journalistes comme moi. Heureusement, il en reste... »

Dans les administrations, l'inquiétude est en effet palpable. Le secret-défense est une arme puissante et parfaite pour clore toute discussion. Un artifice qui lie celui qui sait. L'expose aux poursuites. Le contraint au mensonge : puisqu'il faut même prétendre ne pas avoir vu de documents.

« Cette omerta remonte à l'affaire des frégates de Taïwan. L'enquête d'Eva Joly et de Laurence Vichnievsky, c'est le traumatisme originel », m'explique un haut fonctionnaire du ministère des Affaires étrangères. « La mise en lumière des circuits de décision, le déballage médiatique, les descentes de police, les mises en cause de ministres. Cela en a terrorisé plus d'un. Et puis il y a eu l'expérience Sarkozy. Il a annoncé dix fois avoir vendu le Rafale alors que rien n'était fait. La nature des négociations est de rester confidentielle jusqu'à la signature. Mais surtout, qu'est-ce qu'on assume de soi-même ? Qu'est-ce que les Français sont vraiment prêts à regarder en face ? Les ventes d'armes, à l'image des services secrets, doivent rester le point obscur de la République », conclut-il songeur.

Ce malaise, ce « point obscur », contamine le champ lexical. En France, on ne parle pas de « fabricants d'armes », encore moins d'« industrie de l'armement ». Les communicants ont forgé une jolie formule : la « Base industrielle et technologique de défense : la BITD ». D'une manière générale, personne ne vend des armes. Ainsi, Renault Trucks Defense – aujourd'hui Arquus –, qui produit une part non négligeable des véhicules de l'armée de terre française et a pour clients l'Arabie Saoudite et l'Égypte, « ne fait pas d'armement mais de la "mobilité protégée" »… « Nous ne produisons ni ne vendons d'armes. Nous sommes constructeurs de bateaux », m'écrira un fabricant de navires intercepteurs destinés à l'Arabie Saoudite.

Personne ne parle. Ou par bribes. Ou en *off*.

Aussi, lorsqu'un industriel qui a assuré des fonctions aussi élevées que Christian Mons-Catoni accepte de s'entretenir avec moi, je mesure ma chance. Ex-président du CIDEF (Conseil des industries de défense françaises), sorte de Medef de l'armement, il fut reçu, en compagnie d'Éric Trappier, le président de Dassault Aviation, par Jean-Yves Le Drian au moment de sa prise de fonctions au ministère de la Défense en 2012 : « Il nous a fait une grande déclaration très solennelle ce jour-là qui était assez amusante. Il nous a dit qu'il apporterait un soutien politique important à nos efforts commerciaux mais qu'il n'avait pas du tout l'intention d'être notre VRP... On a vu ce que ça a donné ! Il a été très, très efficace et à mon avis, il a été un petit peu VRP quand même... », se souvient l'homme qui a travaillé durant quarante ans dans l'industrie de l'armement. Christian Mons-Catoni a tout connu de l'aéronautique, au Commissariat à l'énergie atomique. Son curriculum vitæ est conséquent : vice-président de Thomson-CSF (devenue Thales), président de Panhard et d'Auverland (spécialistes des véhicules blindés) fusionnées dans Arquus. Enfin, président du GICAT (le Groupement des industries de défense et de sécurité terrestres et aéroterrestres) et du CIDEF.

En 2018, Christian Mons-Catoni dit n'avoir plus d'activités en dehors de son domaine du cap Corse, sa terre natale. Son site Internet a quelque peu remodelé son passé : pilote de course, capitaine d'industrie, *serial* entrepreneur dans « l'informatique » et les

« 4×4 ». À peine est-il fait mention d'un « gros contrat avec l'armée française ». En contrebas de la propriété, sur la route, une imposante photo de lui, plus jeune et plus svelte, vous salue : *A pr'éstu* – « À bientôt »...

C'est à Paris que Christian Mons-Catoni m'accueille, à deux pas des arènes de Lutèce, dans un appartement du 5e arrondissement décoré avec goût. En chemisette à manches courtes et pantalon ceinturé haut, l'homme a de faux airs de Bernard Blier, un yorkshire facétieux dans les pattes.

« J'élève du vin et produis de l'huile d'olive selon les normes de l'agriculture biologique. Je suis en bio parce que je suis contre les produits chimiques. » On guette dans ses yeux la malice : se foutrait-il de moi, par hasard ? Ou bien est-ce la séduisante complexité de ce personnage ?

Armé de la patience qu'on doit aux imbéciles, il tente de m'expliquer cette omerta, ce silence qu'on m'oppose depuis des mois.

« Cette industrie n'a pas besoin que les médias s'intéressent à elle. Ou très peu. Le nombre de gens en France qui interviennent dans les décisions politiques importantes pour ces industries est minuscule. Pour obtenir ce dont nous avons besoin, nous leur parlons en direct. Ce n'est pas la peine de passer par la presse, de nous adresser à 65 millions de Français pour toucher 100 personnes. Pas besoin d'utiliser un marteau-pilon pour casser une noisette », sourit l'ancien industriel.

On pousse quand même la curiosité. Au cours de sa longue vie dans ce milieu, aurait-il connu des états d'âme ? « J'aurais peut-être dû avoir des cas de conscience sur certains contrats, mais honnêtement je n'en ai pas eu. J'ai participé aux bombes atomiques, à l'effort de défense à tous les niveaux, j'ai participé aux porte-avions, j'ai participé au Rafale, et à beaucoup d'armements en France, je n'ai jamais eu d'état d'âme. Et je ne vois pas pourquoi j'en aurais d'ailleurs. Le pacifisme, c'est de l'angélisme. Si tu veux la paix, prépare la guerre. » S'il est arrivé que de rares investisseurs – des fonds, plutôt scandinaves – se retirent d'entreprises de défense pour des raisons éthiques, les accès de moralité de ce secteur sont selon lui épisodiques. Quelles que soient les époques. Seul François Mitterrand avait exigé que tous les avions soient désarmés lors de sa première visite de président au salon du Bourget. Un épisode douloureux pour des industriels habitués à plus d'admiration. « Cela revenait quand même à transformer le Mirage 2000 en avion d'aéro-club. C'était un signe politique fort qui nous avait quand même sérieusement perturbés. [...] Le Quai d'Orsay a un temps été un nid de trotskystes. Ils ont cessé de sévir. En Indonésie, ils avaient essayé de bloquer les ventes de véhicules blindés légers car ils voyaient qu'ils étaient utilisés par la police pendant des manifestations. J'ai eu la peau de l'ambassadeur. Une fois ou deux. Il ne faut pas trop s'en vanter sinon vous vous fâchez définitivement avec les Affaires étrangères. Ils ne m'aiment déjà pas beaucoup..., marmonne Christian Mons-Catoni.

Les marchés d'armement sont régis par des cycles longs, couramment de vingt ans entre le moment où on commence à réfléchir à un sujet et le moment où on le vend véritablement à l'exportation. Les commandes de l'armée française représentent 5 % du marché mondial, celles de l'armée américaine, quasiment 50 % ! Donc quand vous êtes en concurrence avec des industriels qui ont accès à la moitié du gâteau *via* leur seul marché domestique, vous avez intérêt à vous occuper beaucoup d'exportation pour atteindre au moins un petit 10 %. Nous n'avons donc pas les moyens de nous passer d'un client ! »

On le croit un peu moins lorsqu'il affirme que les industriels eux-mêmes ne sont pas informés du contenu des réunions de la CIEEMG. « Parfois, on essaie de savoir ce qui a été débattu, on ne le sait pas toujours. On le sait même assez rarement. C'est une institution à caractère public et elle est donc peuplée de fonctionnaires qui ne sont pas toujours de la plus grande efficacité… Elle traite plus de 500 à 600 dossiers par mois et beaucoup de manière purement administrative. Le traitement administratif est très lourd. Mais ça s'est considérablement amélioré après la bronca des industriels, il y a quelques années, qui ont protesté du fait que la France mettait six mois à accorder une autorisation alors que les Américains mettaient trois semaines ! »

Mon interlocuteur ne nie pas l'intérêt d'un organisme régulateur. « Ne pas vendre certaines armes ou certaines performances à des armées qui peuvent un jour se retrouver en face de nos propres armées, ça a du sens. Par exemple, dans le domaine de l'optronique, l'état-major français n'a pas toujours les moyens de se doter des dernières technologies mais, par contre, on peut comprendre qu'il ne souhaite pas que nos troupes – et nos enfants – se retrouvent face à des ennemis qui seraient dotés de tels équipements. »

L'ex-homme d'affaires convient qu'il n'y a pas de débat public sur le sujet. « Est-ce qu'il existe un complexe militaro-industriel ? Oui, bien sûr ! Est-ce qu'il est mafieux ? Je vous dirais non… Mais il y a des organisations patronales, il y a du lobbying, il y a une activité à caractère commercial liée à l'activité de défense, il ne faut pas le nier. Pour l'exportation, il faut être présent dans les salons, donc dans la presse spécialisée. Ces journalistes-là font très attention. Ils nous soumettent les citations avant publication, en général. Et même plus qu'en général… En dehors de cela, on essaie d'éviter de parler de ce qu'on fait. Je vous ai certainement dit des tas de choses que je n'aurais pas dû vous dire. »

*

Juin 2017

C'est une journée de canicule. La chaleur, écrasante, blanchit tout sur le tarmac et accable les commerciaux aux tenues impeccables qui, sur leurs stands, vantent les performances de « nos » missiles, canons et hélicoptères de combat. Le salon du Bourget, l'événement bisannuel de l'aéronautique et de l'armement, vient d'ouvrir ses portes. Le complexe militaro-industriel évoqué par Christian Mons-Catoni s'y retrouve au grand complet. Dans un flot d'uniformes gris-kaki, des généraux du monde entier devisent aimablement. Dans le ciel, un ballet d'avions de chasse, parfaitement réglé et un peu effrayant, passe et repasse toutes les heures et déchire nos tympans.

Les tentes immaculées qui bordent la piste de décollage offrent un havre climatisé à quelques VIP. Les décideurs politiques et les délégations militaires y sont choyés, entourés. Ce lundi 19 juin 2017, elles abritent tout un aréopage qui observe Emmanuel Macron, fraîchement élu président de la République, venu inaugurer le salon à bord d'un A400M – l'avion de transport militaire européen. Il en débarque, descendu du ciel, très jupitérien. Une foule un peu ridicule de P-DG et de généraux s'empresse autour du chef de l'État, dont on ignore, à cette date, s'il poursuivra la politique de son prédécesseur, si les exportations d'armement demeureront une priorité. La fébrilité des industriels est palpable.

Mais la meute présidentielle passe et le commerce reprend ses droits.

Parmi les 2 400 exposants, le stand du ministère des Armées. L'État y expose le meilleur de son armement et vend l'art de la guerre à la française. Les panneaux de présentation sont ornés de la cocarde tricolore. Dans la partie rouge, on peut lire ces deux mots en anglais : *combat proven*, soit la « preuve opérationnelle ». Le signe que l'arme a démontré ses capacités sur l'un des fronts où la France est engagée.

En bonne place, l'incontournable avion de chasse Rafale de Dassault, et son pilote de l'armée française, chargé d'en vanter les mérites. Ce jour-là, le capitaine Mathieu est autorisé à partager quelques bribes de son RETEX, le « retour d'expérience » : « Le Rafale emporte plus de munitions, il a plus d'autonomie, il nous permet d'aller plus loin, plus vite et il est mieux connecté avec les avions d'une coalition par exemple. » Qu'importe si le capitaine reconnaît n'avoir jamais volé en opération sur un autre appareil comparable. Qu'importe qu'on ne puisse savoir où exactement et lors de quel type de mission il l'a piloté, on a envie de croire sur parole cet homme d'allure héroïque : « Il y a un pavé tactile avec le mode air-air, le mode air-sol, et les visus qui y sont associées. Il suffit d'appuyer sur le bouton, et on switche complètement… Grâce aux deux moteurs, on a plus de poussée pour voler à basse vitesse et il est plus manœuvrant dans les phases de combat aérien. Évidemment, ça, on ne l'a pour l'instant testé qu'à l'entraînement », a-t-il l'honnêteté de préciser.

Chaque arme est, ici, associée à un militaire à la fois utilisateur et prescripteur.

Les soldats de l'armée française participent ainsi au marketing des industriels en vantant les produits, notamment auprès des délégations étrangères. Ce soutien à l'exportation, appelé SOUTEX, est encadré par la DGA – la direction générale de l'Armement.

Non loin du Rafale, l'hélicoptère d'assaut et de manœuvre, le Caïman de NHIndustries, entreprise européenne détenue à 62,5 % par Airbus Helicopters, à 32 % par l'italien Leonardo et à 5,5 % par le néerlandais Fokker. L'engin – 11 tonnes, 300 kilomètres-heure en vol – a déjà été vendu à une dizaine de pays, dont l'Australie, le sultanat d'Oman ou encore la Grèce.

Le jour de notre tournage, le stand du ministère des Armées reçoit une délégation de la marine du Qatar, qui discute depuis des mois de l'achat de ces hélicoptères. Le contexte est délicat : deux semaines auparavant, le 5 juin 2017, l'Arabie Saoudite et les Émirats arabes unis ont rompu leurs relations diplomatiques et économiques avec l'émirat du Qatar. Officiellement, Doha est accusée par l'Arabie Saoudite et ses alliés de « soutien au terrorisme ». De leur côté, les dirigeants qataris, intimement persuadés d'être menacés par une invasion de leurs voisins, se sont lancés dans une frénésie d'achats d'armes à visée dissuasive. Or ces trois pays sont parmi les principaux clients de l'industrie française…

Dans un anglais teinté d'un fort accent français, un militaire vante les qualités de cet hélicoptère « ultramoderne » :

« Combien d'heures d'autonomie ?

– Avec 3 tonnes de carburant, plus de trois heures. Oman, par exemple, ajoute des réservoirs externes qui leur permettent de tenir cinq heures.

– Et quel est le champ d'action des missiles ? » demande ingénument le militaire du Qatar.

Rires embarrassés…

« Alors, ça, c'est un tout petit peu classifié, comme information. Ce que je peux vous dire, c'est qu'il s'agit de la version en service dans la marine française. Venez jeter un coup d'œil à l'intérieur… »

La visite se poursuit pendant quelques minutes puis la délégation quitte le stand.

« Ça leur a plu, m'explique le militaire, mais évidemment la décision ne se prendra pas comme ça. C'est un long processus… » Quelques mois plus tard, en 2018, NHIndustries annoncera la vente au Qatar pour 3 milliards d'euros de 28 de ces hélicoptères Caïman ainsi que des services de maintenance et de formation. Airbus assurera l'assemblage final et la livraison pour 16 d'entre eux, dans son usine de Marignane (Bouches-du-Rhône).

Une femme en civil nous interpelle alors que nous sommes encore au milieu de l'interview :

« Excusez-moi, on me dit que vous n'êtes pas autorisés à filmer ! »

Un haut responsable de la direction générale de l'Armement s'en mêle, manifestement hors de lui :

« Qu'est-ce qu'ils ont enregistré ?

– Il y a eu prise de son d'une délégation étrangère », se désole sa collègue.

Panique générale, conciliabules, appels tous azimuts. Et pour finir, excuses du personnel de la communication des Armées. Nous avions bien l'aval de la hiérarchie…

*

Cette alliance entre militaires et industriels, qui ne semble plus surprendre personne, prête quand même à discussion : jusqu'où l'armée doit-elle participer aux ventes d'armes ? Est-ce toujours à son avantage ? Les exportations sont-elles bénéfiques pour son propre équipement ?

Michèle Alliot-Marie, première femme à avoir occupé le poste de ministre de la Défense (2002-2007, lors du dernier mandat de Chirac), tente de nous répondre. « La recherche et développement, la R&D, est extrêmement poussée et onéreuse pour les industriels. Ils doivent pouvoir amortir son coût sur des quantités d'armement fourni qui dépassent les seuls achats de l'armée française. Mais ça ne règle pas le problème de l'équipement de nos armées. [...] Ça nous permet d'avoir une autonomie stratégique, de préserver notre indépendance, mais fournir ces choses très sophistiquées n'est pas toujours le plus utile sur le terrain. Je me souviens de nos forces spéciales, lors d'une visite dans le sud de l'Afghanistan, qui demandaient juste des quads ! »

Le rôle de prescripteur qu'endossent nos militaires est-il toujours seulement d'essence patriotique ? Dans l'armée, la retraite est précoce. L'industrie permet une reconversion de choix, les salaires y sont très attrayants. Surtout pour les hauts gradés. Un général a conseillé la présidence de Panhard (absorbé par Arquus), un autre ancien chef d'état-major de l'armée de l'air, présent lors des nombreuses négociations pour la vente du Rafale, est marié à une ancienne employée de Matra, aujourd'hui représentante du GIFAS, un regroupement d'industriels de l'armement : « Nous avons en commun la passion des missiles », m'explique l'intéressé... Un autre, enfin, prend sa retraite à Mérignac « pour continuer de servir son pays auprès des industries de défense qui sont intéressées par [son] expérience». Ces anciens généraux défendent-ils les intérêts de la France ou ceux de leur entreprise ? Selon un ancien militaire de la DGSE, la porosité entre industrie et armée est très problématique. «Beaucoup de hauts gradés la favorisent pour la reconversion. Naval Group, Panhard, Thales, Airbus sont pleins d'officiers supérieurs… Les uns orientent les marchés et en retour obtiennent un poste… Échange de bons procédés mais au détriment de la qualité du matériel acheté par la France.» Car ces achats n'obéissent pas forcément à une logique d'équipement. «La pression est pyramidale du haut vers la base, m'explique un ancien des services spéciaux. Le chef reçoit la consigne d'acheter ces matériels à une entreprise particulière. Lui répercute la demande, même si le matériel est inadapté. Il m'est arrivé de refuser car ça ne répondait pas du tout à notre besoin. Les pressions ont été très, très insistantes pour m'obliger à passer commande avec eux. C'est un classique, l'État s'est souvent appuyé sur l'armée pour faire acheter du matos à des boîtes en difficulté ou à des amis… En tant qu'utilisateurs, on était écœurés par ces relations, qui débouchent souvent sur l'acquisition de matériels inadaptés.»

Un industriel vendra nécessairement mieux ses produits à l'export s'ils ont déjà fait l'objet d'une acquisition de la part de l'armée française. L'institution constitue donc «la première étape de la vie d'un produit défense, un "showroom"», comme me l'explique cet ancien militaire chargé des achats pour les services spéciaux. «Après, les industriels utilisent ces réussites commerciales comme une sorte d'AOC. Si en plus ils en ont vendu à des unités spéciales type GIGN, RAID ou COS, ça coche la case VIP défense.. Dans leurs présentations, ils ne manquent pas de mentionner ces clients prestigieux comme les pubs "vu à la TV". »

Le moyen le plus efficace de vanter les produits des usines d'armement reste le terrain de guerre, selon un gradé encore en activité à la direction générale de l'Armement : « Une opération comme *Barkhane* [intervention française dans le Sahel et au nord Sahara] c'est Eurosatory[1]. Ça permet de qualifier du matériel, en l'occurrence de nouveaux véhicules. »

1. Eurosatory est le salon bisannuel de l'armement terrestre et aéroterrestre.

7

LE TCA : UN TRAITÉ QUI NOUS ENGAGE ?

« Les mouvements pacifistes en France, ce sont des groupuscules. Ça représente 50 personnes. Quand je dis 50, c'est vraiment 50, hein, pas 60. »

Un communicant de l'industrie.

Genève, 11 septembre 2017

SUR LA PLACE DU PALAIS DES NATIONS, UNE PETITE FORÊT de bannières jaune et noir se balance dans le matin maussade, barrées de ces inscriptions : *Pas d'armes pour les crimes de guerre*, *#reducehumansuffering*. Une kalachnikov se détache sur le fond blanc d'une pancarte. Dans le prolongement de son canon, un montage photo de pays dévastés, de voitures carbonisées, d'immeubles éventrés… Quelques activistes brandissent à bout de bras des images de victimes au Honduras, au Soudan du Sud et surtout au Yémen. Des photographes des ONG de défense des droits de l'homme captent l'événement – il faut bien quelques visuels, un peu de pâte humaine pour illustrer l'ouverture de l'austère conférence annuelle du Traité sur le commerce des armes, le TCA, adopté par l'Assemblée générale des Nations unies, le 2 avril 2013. Nous sommes l'une des rares équipes TV présentes.

Parmi les participants, Aymeric Elluin, la quarantaine, lunettes fines et chèche autour du cou. Il est spécialiste des transferts d'armement pour Amnesty International. En France, seule une poignée de militants comme lui enquête sur nos exportations. Il est venu pour la grand-messe du TCA, nouvel espoir des défenseurs des droits de l'homme : « Les embargos interviennent en général beaucoup trop tard, à partir du moment où on a constaté les dégâts commis par les armes… La nouveauté est que nous ne sommes plus dans la phase d'après mais dans la prévention », explique Aymeric Elluin.

À ce jour, 130 pays ont signé ce traité, dont la France et le Royaume-Uni. Entré en vigueur le 24 décembre 2014, le TCA oblige, pour la première fois, les États à prendre en considération les répercussions humanitaires de leurs ventes d'armes.

Ainsi, l'article 6, paragraphe 3 :

« Un État Partie ne doit autoriser aucun transfert d'armes classiques […] s'il a connaissance, lors de l'autorisation, que ces armes [...] pourraient servir à commettre [...] des violations graves des Conventions de Genève de 1949 [...] ou d'autres crimes de guerre [...] »

L'article 7 précise, lui, qu'un État ne doit pas autoriser une exportation lorsqu'il estime qu'il existe un risque « prépondérant » de commission par ces armes d'une violation grave du droit international humanitaire.

Nous pénétrons aux côtés d'Aymeric Elluin dans le Centre international de conférences, où se tiendront les débats, un bâtiment de béton triste à l'ossature massive. Là encore, très peu de journalistes sont présents. Les rédactions ont dédaigné ce rendez-vous. Les discussions, techniques, vont se succéder pendant une semaine.

Avant que ne débutent les séances, Aymeric Elluin se mêle aux représentants de la France : l'occasion de grappiller des informations et de les convaincre de mieux veiller à l'application de cet accord dont chaque phrase, chaque mot a été discuté pied à pied pendant des mois. Pour les ONG des droits de l'homme, le TCA fut une avancée historique, obtenue après plus de vingt ans de débats. Pourtant, selon Benoît Muracciole, un ancien d'Amnesty[1] qui en a suivi l'élaboration, son bilan est décevant : « Sans doute à cause de la crise économique, il y a, dans les capitales, une espèce de rétrécissement de la pensée. La France a

1. Benoît Muracciole anime aujourd'hui l'association ASER (Action sécurité éthique républicaines).

arrêté de réfléchir sur le Traité, sur les conséquences positives que pourrait avoir sa mise en œuvre rigoureuse. Le volume des exportations au niveau mondial continue d'augmenter. Et surtout, il n'a pour l'instant absolument pas fait ses preuves dans des conflits épouvantables comme l'Irak, la Syrie ou le Yémen, où des armes continuent d'affluer. »

Soudain, une femme toute frêle monte à la tribune. Radhya al-Mutawakel fait face aux cinq cents participants et à leur armée d'interprètes. Elle dirige une organisation de défense des droits de l'homme au Yémen et a été invitée à ce titre, au nom de la société civile, à prononcer le discours inaugural. Depuis 2015 la guerre ravage son pays : « Vous ne savez peut-être pas grand-chose des victimes civiles ni de ce qui est en train d'arriver au peuple du Yémen, de l'horreur quotidienne de cette guerre. Malheureusement, les Yéménites ont, eux, appris à connaître vos pays à travers les armes qui ont détruit leur maison et tué leur famille [...]. Il est choquant que dix-neuf États parties au Traité, dont trois pays qui l'ont ratifié, aient quand même décidé de vendre et de livrer des armes à l'Arabie Saoudite depuis que cette guerre a éclaté [...] J'appelle tous les États à immédiatement cesser de livrer toute arme susceptible d'être utilisée par les parties au conflit [...] Merci de votre attention. » Lorsque Radhya al-Mutawakel se tait, un silence pesant s'abat sur la salle de conférences...

*

Depuis mars 2015, l'Arabie Saoudite a pris la tête d'une coalition pour défendre le gouvernement yéménite contre les rebelles houthis, suspectés par Riyad d'être soutenus par l'Iran… Une guerre complexe, d'une violence inouïe, où prospèrent les groupes djihadistes. Une guerre interdite, qui se déroule loin des yeux du monde.

Depuis cette date, 10 000 personnes auraient été tuées, dont, selon l'ONU, au moins 5 000 civils. Un chiffre atrocement rond qui ne reflète que l'impuissance de la communauté internationale. Faute d'instruments de mesure crédibles, elle a renoncé à compter les morts.

En revanche, cette guerre a produit, et on le sait avec certitude, une crise humanitaire sans précédent provoquant le déplacement de millions de personnes. Sur les 27 millions d'habitants du Yémen, les trois quarts de la population auraient besoin d'aide humanitaire.

Caroline Seguin est responsable des opérations de l'organisation Médecins sans frontières pour le Yémen. Basée à Dubaï, elle se rend depuis les débuts de la guerre régulièrement sur place, partout où les forces en présence l'autorisent à circuler. En 2018, elle a pu y rester plus de deux mois, d'Aden à Saada en passant par Hodeïda au plus fort des combats. « La moitié des centres de santé du pays ne fonctionnent plus, déplore-t-elle. La situation est critique. De nombreux hôpitaux ne disposent même plus d'insuline. Il n'y a plus de vaccinations, ce qui explique en partie le retour de maladies comme le choléra, mais aussi un nombre très préoccupant de rougeoles. Tout le système de santé est en train de s'effondrer. À Hodeïda en novembre dernier, notre hôpital s'est retrouvé proche de la ligne de front. On recevait des balles dans la maison. Pourtant, au plus fort des combats, nous avons vu arriver une ambulance qui avait fait plus de six heures de route pour nous atteindre : c'est vous dire l'état des autres centres de soin. C'est proprement terrifiant. »

Les atrocités sont commises par les deux camps, mais dans sa conduite de la guerre, l'Arabie Saoudite est accusée de viser les civils à coups de bombardements indiscriminés et répétés qui, selon les critères des organismes internationaux, constituent bel et bien des crimes de guerre. Dès le 30 mars 2015, des frappes aériennes s'abattaient sur un camp de déplacés à Harad, dans le nord du pays. Le mois suivant, l'entrepôt d'une ONG stockant des fournitures humanitaires était pulvérisé à son tour. En mai de la même année, la ville entière de Saada était déclarée « cible militaire » par la coalition. Dès les premiers mois des combats, les victimes civiles de ces frappes se comptaient en nombre, entre autres dans la capitale. Un mariage était notamment visé. Parce que le marié était, semble-t-il, affilié aux Houthis, 131 civils périrent. Un an plus tard, en octobre 2016, toujours dans la capitale, une nouvelle frappe visa une cérémonie mortuaire. Bilan : 100 morts également.

Ces drames ne sont pas de simples bavures, des dommages collatéraux occasionnels et inévitables. Un tiers des raids de la coalition aurait touché des sites civils : maisons, écoles, marchés, mosquées, usines de production alimentaire, pompes à eau, stations d'essence, l'effarante liste s'allonge de jour en jour. Même les hôpitaux de Médecins sans frontières ont été frappés en dépit de leur signalisation visible : « Toutes les coordonnées GPS de nos centres de santé sont transmises aux belligérants. Tous les toits ont le logo MSF et sont éclairés la nuit. Tous nos déplacements sont également indiqués à l'avance. Nous employons une personne à temps plein pour faire le lien avec la coalition », explique Caroline Seguin.

Autant de précautions apparemment sans effet. En juin 2018, le tout nouveau centre de traitement du choléra de MSF, situé à Abs, dans le nord-ouest du pays, a été pris pour cible. « Heureusement, le bâtiment était vide au moment du bombardement. Il n'y a pas eu de morts. » Deux ans plus tôt, à un kilomètre de ce site, le personnel de l'hôpital rural d'Abs, également soutenu par MSF, avait eu moins de chance. L'attaque aérienne s'était soldée par 19 morts – dont un membre du personnel de MSF – et 24 blessés. La coalition est, par ailleurs, accusée par plusieurs organisations humanitaires de mener un blocus du port yéménite d'Hodeïda par lequel transite la plus grande partie de l'aide acheminée vers ce pays. À la fin de 2017, un blocus total a duré trois semaines, empêchant tout acheminement de nourriture et de médicaments alors que la situation sanitaire des civils était déjà critique.

*

Les efforts, timides, de la communauté internationale pour faire cesser cette guerre ont tous échoué. Le débat s'est donc déplacé sur la question des armes qui alimentent les combats. Dès avril 2015, le Conseil de sécurité des Nations unies avait imposé un embargo sur les armes à destination de la rébellion houthie et de ses alliés, mais pas à la coalition emmenée par Riyad.

Pour établir la responsabilité des pays exportateurs d'armement, des organisations comme Human Rights Watch se sont rendues au Yémen, sur les sites de crimes de guerre, pour tenter de collecter des débris d'armes. Sur les images tournées en 2016 par l'ONG, on suit leur enquêtrice en train d'arpenter un marché frappé quelques jours auparavant par un bombardement aérien qui a causé la mort d'une centaine de civils, dont vingt-cinq enfants. Devant la caméra, elle montre des pièces de métal tordues par la violence de l'explosion et la chaleur : des restes d'une GBU-31, une bombe de 907 kilos fournie par Washington, couplée avec un kit de guidage par satellite JDAM, également de fabrication américaine.

De même, au cours de l'été 2018, une bombe s'écrase sur un bus rempli d'enfants, dans la province de Saada, au nord du Yémen : 51 morts et 79 blessés. Les images des jeunes rescapés en sang, arrachés au véhicule foudroyé, suscitent une vague de réprobation internationale. CNN affirme, une semaine plus tard, avoir retrouvé l'arme de cet épouvantable bain de sang. Un morceau de métal tordu où l'on peut lire *For use on MK82 Fin Guided Bomb* et qui serait le fragment d'une bombe de 227 kilos à guidage laser, conçue par Lockheed Martin, l'un des principaux fabricants de l'armée américaine.

*

Au fil de ces tragiques événements, des médias européens ont fini par enquêter sur les transferts d'armement. En Allemagne, la Deutsche Welle révélait ainsi, en décembre 2018, que des fusils d'assaut autrichiens, allemands et belges, des véhicules américains et des grenades suisses, des armes toutes initialement vendues à l'Arabie Saoudite ou aux Émirats arabes unis, s'étaient retrouvés aux mains de milices engagées à Taëz, au cœur des hauts plateaux du sud-ouest du Yémen, en complète violation des certificats de non-exportation.

La France, notre pays, est-elle concernée par ces révélations ? Nous sommes-nous mis en infraction avec ce traité que nous avons pourtant accepté de signer et de ratifier ? En avril 2019, à quelques jours de la publication de cet ouvrage, le média d'investigation Disclose[2] divulguera un document (voir le chapitre 18, « La France d'Emmanuel Macron ») prouvant la connaissance, par les plus hautes autorités de l'État, de l'utilisation d'armes françaises dans les affrontements au Yémen.

2. https://disclose.ngo. Lancée en novembre 2018, Disclose est une association de journalistes d'investigation et de lanceurs d'enquêtes, à but non lucratif, non partisane et indépendante. Anne Poiret, auteure de ce livre, fait partie de son comité éditorial.

Qu'avons-nous exactement vendu au Royaume et à quelle époque ? Des livraisons ont-elles été effectuées depuis le début des combats ? La France l'a-t-elle fait en dépit du risque de leur usage dans des crimes de guerre ?

Ce conflit et ses atrocités afférentes constituent un test grandeur nature pour les défenseurs du traité. Ils symbolisent aussi les contradictions de la France en matière de vente d'armes. Pays des droits de l'homme, nous vendons massivement à un État désormais accusé de crimes de guerre.

À la fin de la première journée de conférences à Genève, j'ai bien tenté d'approcher Alice Guitton, la représentante permanente de la France auprès de la Conférence du désarmement des Nations unies. En entendant mes questions, elle a marqué un certain agacement. Pourquoi, s'est-elle émue, tant de critiques des ONG envers la France alors que les États-Unis, les plus grands vendeurs d'armes au monde, si prompts à donner des leçons de morale, n'ont pas ratifié le traité ? Et que les autres grands marchands – Russie, Turquie, Israël, Chine – ne l'ont, quant à eux, même pas signé… De toute façon, le Quai d'Orsay ne l'autorisait pas à me parler. Elle a éludé : « Paris vous contactera… »

8

L'ARABIE SAOUDITE, CE GRAND CLIENT

« Notre agence de com représente l'Arabie Saoudite en France. Alors, on peut vous aider à aller sur place pour des sujets sur l'évolution du droit des femmes, par exemple, ou pour évoquer les grands projets culturels du royaume…
— Et pour parler des achats d'armement à la France ?
— Ah ouais, là non… »

DÈS SA PRISE DE FONCTION, EN JUIN 2017, LE CONSEILLER en communication de Florence Parly, toute nouvelle ministre des Armées d'Emmanuel Macron, m'avait indiqué que je ne devais pas espérer pouvoir la suivre jusque « dans les toilettes ».

Puis qu'il fallait lui laisser du temps, nous étions un mois plus tard, en juillet 2017.

Puis qu'il allait me répondre. Bientôt.

Et puis plus rien.

Un soir de novembre, il était près de minuit, un peu désespérée et pas très fière de moi, j'ai finalement interpellé, tout en la filmant, la ministre à la sortie d'une audition devant la commission de la Défense de l'Assemblée nationale :

« Pourquoi ne voulez-vous pas répondre à mes questions ?

— Pas au courant », m'a-t-elle lâché avec un regard noir pour notre caméra avant de s'engouffrer à l'arrière de sa berline. Le lendemain, j'ai rappelé le communicant. Il s'est montré un peu fâché par mes méthodes… Il fallait lui donner quelques jours encore. Mais toujours rien.

En janvier 2018, il semble que la ministre des Armées soit enfin prête pour une séquence médiatique. J'apprends qu'un confrère l'a rencontrée pour *Libération*. Pleine d'espoir, j'écris de nouveaux e-mails. Qui demeurent désespérément sans réponse.

Ce matin du 9 février 2018, j'ai complètement renoncé à obtenir cette interview. Et je tente avec application de ne pas me casser une jambe en descendant la rue qui mène à mon bureau. Paris est dans la ouate, un écrin cotonneux. Il neige à gros flocons. Il est 8 h 27 et mon portable se met à vibrer avec insistance.

« Écoute France Inter ! »

La ministre est l'invitée de Nicolas Demorand : il vient de la pousser dans ses retranchements sur des sujets brûlants : la Syrie, le budget des armées, le logiciel Louvois… C'est l'heure des questions des auditeurs. La veille, le magazine de France 2 *Envoyé spécial* a diffusé un reportage déchirant sur les enfants victimes de la guerre au Yémen… Une fenêtre très rarement ouverte sur ce conflit qui intéresse peu et reste particulièrement difficile à couvrir. L'accès est périlleux, très coûteux et, alors, quasi impossible. Deux confrères, autorisés par l'ONU à prendre place à bord d'un de ses avions, en ont été éjectés à la dernière minute par les Saoudiens – ils ont la maîtrise du ciel. Le reportage de France 2 a suscité une vague d'émotion. De nombreux auditeurs veulent réagir. Nicolas Demorand relaie leurs questions : « À quand la fin des ventes d'armes à l'Arabie Saoudite qui écrase les populations ? » « Pourquoi la France continue de vendre des armes aux belligérants de la guerre au Yémen ? » « Y a-t-il des bombes françaises larguées sur le Yémen ? »…

En blazer bleu marine, col roulé gris pâle, la ministre répond à sa manière, scandée et un peu professorale :

Florence Parly : Il y a un encadrement très strict des exportations d'armement. Par ailleurs, vous le savez, le secteur de l'armement occupe de très nombreuses entreprises en France. Donc je comprends la question et j'y réponds en disant : nous contrôlons et encadrons ces exportations et on va même, dans certains cas, jusqu'à les remettre en cause. Je vous rappelle que nous n'avons pas livré les Mistral à la Russie. Donc nous savons aussi interrompre des processus[1].

NICOLAS DEMORAND : Donc vous savez à qui vous vendez des armes mais il n'y a pas une condition qui est posée pour dire : attention, n'allez pas vous servir de nos armes pour bombarder au mépris des droits de l'homme tel ou tel territoire ? Est-ce que ça au moins vous pouvez nous le confirmer ?

FLORENCE PARLY : L'utilisation des armes, une fois livrées, est normalement encadrée, mais les conflits peuvent évoluer. Qui pouvait imaginer la survenance de ce conflit au Yémen ? [...]

NICOLAS DEMORAND : Donc les Yéménites peuvent prendre sur la tête une bombe française...

FLORENCE PARLY : Beaucoup de pays sont confrontés à cette situation que d'avoir, le cas échéant, livré des armes à d'autres pays alors que ces armes n'étaient pas censées être utilisées...

Stupeur. La ministre se moquerait-elle des auditeurs ? La France vendrait-elle des armes pour qu'elles ne soient pas « utilisées » ? Quand bien même celles-ci auraient été vendues à l'Arabie Saoudite avant le conflit : les industriels français ont-ils cessé de les entretenir ? Refusons-nous toute livraison de munitions ? De quel encadrement parle-t-elle exactement ? À l'écouter, on croirait presque que tout

1. La ministre fait allusion à deux navires commandés par Moscou en 2010 dont la France a suspendu la livraison en raison notamment de l'implication de la Russie en Syrie. Ces deux navires ont été finalement revendus à l'Égypte, un État lui-même critiqué pour son bilan en matière de droits de l'homme.

commerce a cessé avec ce pays. Une conseillère de Jean-Yves Le Drian me dira quelque chose de similaire : « De mémoire, l'année dernière, ça représentait 0,4 % des ventes d'armement. Par rapport à tout le reste. » En octobre 2018, lorsque l'affaire Khashoggi[2] éclatera, le gouvernement français minimisera sans cesse notre lien avec le royaume saoudien. La France serait presque un modeste fournisseur. Le président Emmanuel Macron ira jusqu'à affirmer qu'il ne s'agit pas « d'un grand client. Dans quelque domaine que ce soit… »

Rien n'est pourtant plus mensonger.

*

Chaque année, le ministère que dirige Florence Parly publie un rapport sur les ventes d'armes de la France. En annexe, des chiffres donnent le montant des licences accordées en CIEEMG par pays et par catégories d'armement, les commandes réellement passées et enfin les livraisons, l'état réel des transferts d'armes. Un document précieux qui dévoile une tout autre réalité que celle décrite par le président Macron, l'entourage de Jean-Yves Le Drian ou la ministre des Armées. Selon les chiffres qui y sont publiés, ce pays est donc notre deuxième plus important client. En 2016, l'année suivant le début de l'entrée en guerre de l'Arabie Saoudite, les livraisons ont atteint 1 085 milliard d'euros. En 2017, le volume s'est encore accru puisqu'elles se sont élevées

2. Cf. note 1, page 8.

à 1,3 milliard d'euros. Des licences pour un montant de 14,7 milliards d'euros ont même été accordées par la CIEEMG, faisant du royaume saoudien le principal pays où la France autorise les commerciaux de son industrie à prospecter. En réalité, depuis des décennies, l'Arabie Saoudite fait la fortune de notre industrie. Longtemps, elle fut notre acheteur numéro un. « C'est un client compliqué et exigeant. Mais qui a des qualités. Il commande de gros volumes... », m'explique Christian Mons-Catoni – l'ancien patron du CIDEF. À l'échelle du globe, ce pays est même le premier importateur d'armement. « Les Saoudiens ont amassé beaucoup d'armes. Des quantités absolument considérables qu'ils n'utilisaient pas mais qu'ils pouvaient très rapidement mettre en œuvre, notamment *via* des opérateurs égyptiens ou pakistanais... » Jusqu'au conflit au Yémen, l'Arabie Saoudite aurait donc en effet très peu « utilisé » ces stocks invraisemblables. « Le Royaume maintient volontairement une concurrence entre les Européens et les Américains afin de ne pas laisser ces derniers en situation de monopole », décrypte Christian Mons-Catoni.

Je découvre un subtil jeu de chasses gardées. C'est un ancien patron de l'exportation à la direction générale de l'Armement qui m'y initie : « Nous sommes présents pour la flotte saoudienne mais uniquement en mer Rouge – les Espagnols nous concurrencent d'ailleurs férocement. En revanche, le golfe Persique est réservé à l'industrie américaine, pas la peine de présenter des offres. Nous avions des liens privilégiés avec la Garde nationale saoudienne, qui avait son propre service d'achats. Mais c'est en train de changer. L'aéronautique, c'est hors de portée : ils achètent leurs avions de chasse aux Britanniques et aux Américains. » Impossible de leur vendre un Rafale, donc. De l'armement terrestre, des navires : mais de quel type exactement ? Comment s'assure-t-on de leur suivi sur place ?

Chaque année, selon les termes du Traité sur le commerce des armes, la France est désormais également tenue de déclarer ses exportations à cet organisme. En 2017, elle a ainsi annoncé la livraison à l'Arabie Saoudite de 468 véhicules tactiques, 1 hélicoptère de combat, 121 missiles, 5 lanceurs de missiles, plus de 550 armes de petit calibre dont 520 fusils de précision. Mais là encore, rien n'est dit des industriels concernés, des types de missiles, de leur utilisation possible au Yémen ou au contraire des restrictions éventuelles face aux risques de crimes de guerre. Rien, donc, qui permette d'avoir l'assurance que nous n'enfreignons pas les règles du TCA.

Aux rares ONG qui travaillent sur ces questions, comme à moi, le gouvernement ne livre pas d'autres informations que celles rapportées au TCA et consignées dans le rapport au Parlement.

*

Je retrouve Aymeric Elluin dans les bureaux parisiens d'Amnesty International, à Belleville. Parallèlement aux enquêtes de terrain menées par d'autres ONG, il coordonne un travail de collecte de données numériques. Internet fournit une somme de photos et de vidéos servant de base de travail à une méticuleuse analyse. Une traque qui mobilise leurs chercheurs dans le monde entier. Des hommes et des femmes formés à la vérification des informations sur les réseaux sociaux (géolocalisation, analyse de métadonnées...). Ce jour-là, il me présente plusieurs vidéos. La première, en langue arabe, est un reportage réalisé côté saoudien sur ce qui est présenté comme la ligne de front. Des militaires de la Garde nationale manient un imposant canon fixé sur la plate-forme d'un camion. « Il y a des points de correspondance sur l'arrière notamment. Nous avons pu déterminer la marque sans erreur possible. Il s'agit de canons Caesar de 155 millimètres fabriqués par l'industriel français Nexter », affirme Aymeric Elluin. Il ouvre un nouveau fichier sur son ordinateur : « Encore un canon Caesar. Celui-ci se trouve dans la province de Najran. Nous avons là la preuve que du matériel français est bien déployé dans le cadre de ce conflit. Notamment par la Garde nationale saoudienne à la frontière avec le Yémen. Rien dans ces vidéos ne montre cependant des violations des droits humains ou du droit international humanitaire. Il faut donc continuer l'enquête pour tenter de comprendre comment sont désignées les cibles et quels dégâts sont commis. La grande inconnue est surtout la date de vente de ces canons Caesar : est-elle intervenue au moment du conflit ou avant ? Il faudrait aussi savoir qui s'occupe de leur maintien en condition opérationnelle [MCO] et quand ont été fournies les munitions.

Ce serait très grave que la France en ait livré en plein conflit, en dépit des risques de crimes de guerre… »

*

Comment en apprendre plus sur ces canons Caesar ? Au salon du Bourget, j'avais pu approcher une représentante de Nexter. Le jour de notre tournage, ce canon était même en démonstration. Long de près de huit mètres, et d'une portée d'une quarantaine de kilomètres, le Caesar, pour « camion équipé d'un système d'artillerie », est en effet un produit phare de cette société. « La grande nouveauté est de réduire à moins de trois minutes le délai entre l'arrivée sur le point de tir et le départ de la position, après avoir délivré une salve de six coups, explique la salariée de Nexter. Jusqu'alors, les obusiers étaient soit tractés, soit installés sur des véhicules blindés à chenilles. Le Caesar, lui, est extrêmement mobile. Cela rend inefficaces les tirs de contrebatterie. Les militaires ont trouvé ça génial. »

Employé par l'armée française pour la première fois en Afghanistan en 2009, le canon Caesar s'est illustré plus récemment en Irak durant la bataille de Mossoul, en 2016-2017, et plus récemment dans les derniers combats contre l'État islamique. Mon interlocutrice de Nexter égrène la liste de ses acquéreurs : « Dernièrement, l'armée danoise – qui n'est pas forcément très connue – en a acheté. Ainsi que l'Indonésie… Des pays asiatiques se montrent intéressés, l'Inde nous donne beaucoup d'espoir… » Elle oublie pudiquement l'Arabie Saoudite. Un tiers de la production des canons Caesar lui aurait pourtant été vendu. Le Royaume saoudien en a posté des dizaines le long de la frontière du Yémen. Ces canons sont produits dans le Cher, à Bourges, à quelques centaines de mètres de l'usine MBDA où s'était rendu François Hollande en avril 2017, dans les derniers jours de son mandat. La société Nexter y est implantée depuis des décennies. Héritière lointaine des arsenaux militaires regroupés au début des années 1970 au sein d'une structure unique, Giat puis Nexter, elle a fusionné en 2015 avec l'allemand Krauss-Maffei Wegmann (KMW). Un nouveau géant européen de l'armement a ainsi vu le jour : KNDS, détenu pour moitié par l'État français et pour l'autre par la famille Wegmann. Ce nouveau groupe de 7000 salariés, dont le siège est à Amsterdam, conçoit entre autres les chars Leclerc et Leopard 2, les blindés VBCI et Boxer, et toute la gamme de l'armement terrestre, dont ces fameux canons Caesar.

*

À Bourges, près des usines, j'ai bien tenté d'en apprendre davantage.

La communicante de Nexter n'a jamais donné suite à mes demandes de tournage. Nous essayons de nous approcher pour au moins filmer les extérieurs des ateliers. Rapidement, un agent de sécurité exige de relever nos identités. Il nous met fermement en garde : nous risquons, selon lui, des poursuites pénales… Cette usine est une forteresse, même pour mes confrères locaux. Bertrand Philippe, du quotidien régional *Le Berry républicain*, suit le secteur de l'armement depuis quinze ans. Il habite à quelques mètres seulement des lieux mais n'a pu y pénétrer qu'une seule fois. Et encore, par accident… « Une nuit, j'ai été réveillé par les sirènes des pompiers, un incendie venait de se déclarer. J'ai enfilé un jean et pris mon appareil photo. Comme c'était le bazar, j'ai pu me balader à l'intérieur, jusqu'au moment où un ingénieur qui me connaissait de vue m'est tombé dessus. Il a essayé de me faire croire qu'il s'agissait d'une manœuvre. Puis il a capitulé : "Ben maintenant que vous êtes là, je vous montre." C'est une installation étonnante. Il y a des sortes d'abreuvoirs gigantesques où les canons sont trempés dans différents produits pour les rendre plus résistants. Ils datent du char Leclerc, semble-t-il. Assez vite, l'ingénieur a écourté la promenade. La chargée de communication que j'ai croisée en début d'année m'a encore promis une "vraie" visite, mais je l'attends toujours… », me raconte-t-il en novembre 2018.

Les munitions utilisées pour charger le canon Caesar sont produites par une autre branche de la société, Nexter Munitions, située à sept kilomètres au sud-ouest de Bourges.

Cette partie du Berry, productrice de missiles et de munitions, est aussi une région où l'agriculture façonne le territoire… Lorsque je m'y rends, c'est l'été. La nature est glorieuse, les champs magnifiques. Un léger vallonnement imprime cette douce ondulation, qui donne son caractère si français à ces paysages. Les cultures sont soignées, tout inspire une paix profonde. Pour le visiteur de passage, l'activité militaire est presque indétectable.

Pourtant, nous sommes bien « dans le nid de l'armement », selon Yvon Beuchon, le maire depuis vingt-huit ans de La Chapelle-Saint-Ursin, village pavillonnaire noyé dans les blés où est implantée l'usine Nexter Munitions. Par un jour parfumé de juin, il m'accueille avec chaleur et énergie. Yvon Beuchon porte un costume de lin clair, des lunettes fines. « Cette production industrielle militaire est massive, déterminante. Pour nous, c'est d'abord une richesse et puis c'est une fierté... Nexter verse un petit million d'euros par an. Vous voyez, nous avons une belle mairie et puis les impôts ne sont pas très élevés. »

Employeurs fiables, les industries d'armement fournissent aussi une manne financière à ces petites communes. Ordures ménagères, réseau d'assainissement, salle des fêtes, crèches : aucune ne connaît des problèmes de budget. Les rues sont impeccablement entretenues, les parterres tout aussi bien garnis : « Vous avez vu toutes les petites fleurs, ça vient d'où, ça, hein ? À votre avis ? Eh bien, de notre activité industrielle !

— Les petites fleurs...

— Les petites fleurs ! Parfaitement... »

Yvon Beuchon n'a jamais travaillé dans l'armement. Mais beaucoup de ses adjoints en sont des retraités. « Nexter emploie 400 des 4 000 habitants. Salariés et retraités ont tous des revenus confortables.

Pour la bien-portance collective, ça va mieux quand il y a des gens qui ont un tel pouvoir d'achat. Ils ont une culture de la sécurité et sont disciplinés. Leur attitude au travail rejaillit sur la sociologie du bourg. Notre village vit particulièrement bien… »

Dans son bureau, un trophée : un cylindre de 30 millimètres de diamètre pour une quinzaine de centimètres de haut. Un objet quelconque, plutôt laid, dressé sur un socle hexagonal en plexiglas frappé du logo de Nexter.

« C'est un morceau de douille. Ils me l'ont donné pour l'inauguration de l'usine, le 26 septembre 2008. » Yvon Beuchon raconte volontiers la bataille pour le regroupement des activités sur sa commune. Presque un fait d'armes ! « Quand la société a regroupé son activité de munitionnaire qui était disséminée entre La Chapelle, Bourges, Salbris, Le Mans, Cusset et Tarbes, il était question de tout installer à Salbris. On avait très peur de la délocalisation. Je suis allé voir le ministre des Armées de l'époque pour plaider la cause de notre village. Finalement – je sais pas si ça y a fait, ça n'a pas pu nuire – Nexter est resté chez nous et l'usine de production de douilles qui était avant à Cusset, à côté de Vichy, a été rapatriée ici avec une cinquantaine d'emplois. C'était une grande victoire, un moment de fête. Cette entreprise-là, vraiment, on l'aime. Je n'arrête pas de le dire à la direction… »

Yvon Beuchon prend une règle et mesure avec application le bout de douille offert pour l'occasion.

« 30 millimètres, pile. C'est une belle munition. C'est une arme de ce diamètre-là qui a abattu un

Boeing au-dessus de l'Ukraine[3]. Bien sûr, c'est extrêmement dangereux. Mais en réalité, ça sert à prévenir la guerre. C'est paradoxal. C'est comme un vaccin : on s'inocule une maladie pour la combattre.

– C'est comme un vaccin ? »

Le maire éclate de rire :

« Il faut pas dire ça quand même. Vous exagérez... Vous essayez de me faire dire des trucs qui sont un peu bêtes. On va boire un coup ?... »

Avant cela, Yvon Beuchon nous emmène visiter sa zone industrielle de l'autre côté de l'autoroute A71 qui coupe en deux le territoire de sa commune. « On entend partout que c'est la crise de l'industrie mais globalement, ici, elle ne va pas si mal. Avec tous les conflits que le monde connaît, ce n'est pas un marché en décroissance. » En une poignée de minutes, nous atteignons, dans sa voiture, les abords de l'usine de Nexter Munitions. Une entrée quelconque. Gardée, certes, mais parfaitement anodine. C'est peut-être cela le plus frappant : l'aspect ordinaire de ces lieux. Un bâtiment blanc, un bloc plutôt moderne, sans plus. De l'extérieur, tout est fait pour détourner l'attention. Un site industriel devant lequel on peut passer pendant des années sans se douter qu'on y fabrique notamment ces munitions de 155 millimètres

---

3. Le missile qui a abattu le vol MH17 de la compagnie Malaysia Airlines le 17 juillet 2014 et fait près de 300 morts serait en fait une munition de 400 millimètres de diamètre produite par l'une des principales sociétés d'armement russes, Almaz-Antei. Selon le rapport des enquêteurs du Bureau néerlandais pour la sécurité (OVV), chargé de l'enquête, il s'agirait plus précisément d'une « ogive 9N314M montée sur un missile de la série BUK 9M38M ». En 2018, ils ont ajouté détenir les preuves que les auteurs du tir étaient russes.

destinées aux canons Caesar. L'édile tente de nous décrire l'usine interdite. « Je ne suis pas sûr qu'on ait le droit de filmer mais enfin bon, on va passer en vitesse. Là, on voit leur base logistique. Là, les magasins. Et après on ne voit rien du tout parce que l'activité pyrotechnique est au milieu d'un bois de 270 hectares. Elle est ensevelie, protégée par des merlons [une levée] de terre. Il y a des soutes de stockage, un tunnel de tir. Ils ont une chambre de compression. Les poudres, c'est marrant, ça ressemble à de petites cacahuètes. Ils fabriquent l'ensemble de la munition. » Un grillage vert de trois mètres de haut court tout le long du bois. Sur chaque poteau, une caméra : « C'est surveillé en permanence. Surtout pour des raisons d'espionnage industriel et de sûreté. En fait, je ne vous ai rien montré, hein… »

Yvon Beuchon s'interroge-t-il sur les clients de ces industries, sur l'Arabie Saoudite et le devenir de ces armes ? D'autres le font-ils ? « Jamais. Je dis bien : jamais depuis vingt-huit ans. On n'a pas le sentiment qu'on fait du mal au monde… Évidemment, ce serait parfaitement immoral que des armes fabriquées ici soient vendues à des États qui les retourneraient contre leur population ou à des fins d'agression… C'est un sujet sur lequel je ne vais pas être trop bavard. » Il s'interrompt, hésite. « … Parce que ce n'est pas le sujet du maire. De toute façon il n'y a pas le choix, ni pour moi, ni pour vous », ajoute-t-il, plus sombre. « Je ne suis pas sûr qu'il y ait beaucoup d'armes produites chez nous qui aillent en Arabie Saoudite. Je pense même qu'il n'y en a pas du tout…

Adressez-vous au ministre. Parce que c'est lui qui signe, c'est lui qui sait, c'est lui qui a la stratégie et qui est le garant de la morale. Je fais confiance à ceux qui nous dirigent. » Notre hôte marque une nouvelle seconde d'hésitation. Se reprend. « Je fais vraiment confiance… »

Yvon Beuchon a voulu terminer la matinée comme il l'avait proposé. Par un petit blanc. Je ne sais plus si j'ai eu l'élégance de trinquer avec lui. Je crois avoir à la place demandé, un peu honteuse, un verre de jus d'orange. Je me souviens en revanche avec précision qu'il était bon de ne plus avoir à disséquer toutes ses phrases. De profiter de sa conversation roulante. Durant quelques minutes, j'ai chassé de mes pensées cette usine. Ces obus. Et cette guerre du Yémen, sinistre, lointaine et si étrangère à cette arrière-salle de mairie où nous devisions si gaiement.

Bien des mois plus tard, cependant, j'ai acquis la certitude que ce site de Nexter – celui-ci précisément – a continué de livrer des munitions à l'Arabie Saoudite pour alimenter ce conflit. Par dizaines de milliers. Des munitions qui avaient pourtant fait l'objet d'un débat tendu au sein de la CIEEMG.

Yvon Beuchon pouvait-il l'ignorer ?

9

L'ARABIE SAOUDITE ET LE CONTRAT DONAS

> « Je le prends comme un devoir de vous parler. Mais tout ce qu'on se dit, pour l'instant, c'est du off. »

J'AI QUITTÉ LE BERRY ET SON INDUSTRIE FLORISSANTE pour la côte nord du Finistère. Là, je retrouve Jean Guisnel, le journaliste du *Point*, spécialiste des questions militaires. Il habite une jolie maison de pierre dont le terrain, dans un doux vallonnement, finit au loin par se jeter dans la mer. Il traite ses sujets depuis son fief breton. Ses réseaux s'étendent dans toute la France. Sa connaissance du monde de l'armement est encyclopédique. En mars 2017, Jean Guisnel a révélé les débats tumultueux du gouvernement au sujet du

Yémen. Des débats couverts par le secret-défense dont le public aurait pu ne jamais entendre parler…

Au cœur de ses révélations, un contrat nommé Donas. Signé en 2014 par l'« équipe France » de Jean-Yves Le Drian, cet accord devait initialement permettre d'équiper les forces armées libanaises. Un cadeau de l'Arabie Saoudite qui veut alors aider le Liban à demeurer stable dans cette région. À tout prix. 3 milliards de dollars de véhicules de combat, de canons, d'hélicoptères d'attaque, de drones légers, de patrouilleurs et de munitions.

Début 2016, la géopolitique du Proche-Orient a évolué. Les Saoudiens, sunnites, craignent de retrouver ces armes aux mains du Hezbollah chiite, si puissant au Liban… Riyad se rétracte en retirant son financement. Pour ne pas léser les industriels français, l'« équipe France » de Jean-Yves Le Drian suggère de livrer quand même cet armement, mais cette fois à l'Arabie Saoudite elle-même…

Les licences du contrat – dont le nouveau nom est SFMC, pour Saudi French Military Contract – doivent repartir à l'examen en CIEEMG à partir d'avril 2016. Mais à cette époque, la guerre au Yémen fait rage depuis plus d'un an déjà et la mécanique s'enraye.

« En janvier 2017 une réunion de la CIEEMG s'est particulièrement mal passée », raconte Jean Guisnel. Le cas de deux entreprises pose alors problème. Nexter, à qui l'Arabie Saoudite souhaite acheter des munitions de 155 millimètres pour alimenter ses tout nouveaux canons Caesar, et TDA, une filiale de Thales, à qui le Royaume souhaite commander des obus de mortier de 120 millimètres. « Ce qui a étonné la CIEEMG, ce sont les quantités réclamées par le client, très supérieures au train-train des commandes de routine, poursuit Jean Guisnel. Pour les munitions destinées au Yémen, Paris a d'abord dit non… »

Que s'est-il donc passé ?

« Les gens qui regardent de très près l'Arabie Saoudite pour la France ne vont pas s'opposer, pour des raisons politiques, diplomatiques, humanitaires ou autres, à la vente d'armements antiaériens par exemple. Ils considèrent que ça ne touche pas les populations civiles, m'explique le journaliste. En revanche, il y a des armes qui posent problème. Et lorsque ces discussions sont arrivées en CIEEMG, le ministère des Affaires étrangères a estimé que ces pièces d'artillerie d'une portée relativement faible, quelques kilomètres ou quelques dizaines de kilomètres, qui circulent facilement sur les routes, pouvaient parfaitement être transportées au Yémen pour frapper des populations… » La voix qui s'est élevée au cœur de l'appareil d'État français n'est autre que celle du ministre des Affaires étrangères de la fin du mandat Hollande : Jean-Marc Ayrault.

J'ai cherché à le joindre. Il a d'abord préféré que j'attribue ses déclarations à un proche : « Je ne veux pas faire les professeurs de morale… Le commerce des armes est une activité économique créatrice d'emplois qui est très lucrative. Je n'en ai jamais parlé publiquement. »

Puis les mois ont passé, l'éloignement des cercles du pouvoir, mais surtout le tollé provoqué par l'affaire Khashoggi et le comportement du gouvernement actuel l'ont fait évoluer. Il accepte désormais d'être cité.

«J'étais Premier ministre lorsque la France a signé le TCA en juin 2013, je trouvais ça important. Ça n'est pas dramatique de se créer des règles et de les respecter, au contraire, c'est dans notre intérêt, ainsi on est plus fort quand on vend des armes. Il y a des gens qui vous diront qu'il ne faut pas vendre d'armes du tout. Je ne suis pas sur cette position. Encore faut-il mettre en œuvre ce traité et le respecter. Il faut être très exigeant sur ces procédures, ne pas fermer les yeux. Et ne pas vendre à tout prix, même si cela peut effectivement avoir un impact économique réel. Lorsque je suis arrivé au Quai d'Orsay [en février 2016], le conflit mené par l'Arabie Saoudite était déjà une catastrophe, un drame humanitaire. Je voyais l'évolution, chaque jour plus dramatique, les bombardements, l'aide qui n'arrivait pratiquement plus. J'estimais que nous n'avions pas les garanties nécessaires pour être certains que l'armement livré – ces munitions de 155 millimètres notamment – resterait bien en Arabie Saoudite et ne serait pas utilisé sur le territoire yéménite. Nous ne devions pas nous contenter des bonnes paroles de l'armée saoudienne. J'ai voulu rappeler que la France avait des comptes à rendre concernant ce Traité sur le commerce des armes. Il fallait un minimum de rigueur. J'ai tenu à exprimer ces réserves et à laisser une trace écrite.

Pour prendre date. » Ce document signé de la main de Jean-Marc Ayrault – classifié – est désormais hors de portée. « Les arbitrages ont été pris au-dessus de moi. Je ne peux pas vous en dire plus… » Et au-dessus de Jean-Marc Ayrault, il y avait donc le président de la République, François Hollande, qui, selon Jean Guisnel, a donné son accord pour la licence d'exportation. Une décision potentiellement lourde de conséquences pour la France.

Une source proche de ces discussions a voulu m'expliquer le raisonnement de l'Élysée : « Ce qui a pesé, ce sont les intérêts industriels – extrêmement importants – mais aussi notre coopération en matière de lutte contre le terrorisme avec l'Arabie Saoudite. Cela justifiait amplement qu'on fournisse ces munitions. De toute façon, la Garde nationale [saoudienne] n'intervient théoriquement pas hors des frontières. On a considéré que ces armes resteraient sur le territoire saoudien. Ils s'étaient engagés à ne pas les réexporter… Les services de la DRM [la direction du Renseignement militaire] nous ont rassurés sur ce point. Ils avaient un faisceau d'éléments qui permettait de penser que les équipements n'étaient pas massivement utilisés contre les populations civiles au Yémen. »

Et tant pis si les canons Caesar saoudiens tirent depuis la frontière et que leur portée d'une quarantaine de kilomètres place sous leur feu les civils du nord-ouest du Yémen.

*

S'il est donc avéré que des licences ont été accordées jusqu'en 2017 pour des armes destinées au conflit au Yémen, ces contrats ont-ils abouti ? Car une licence n'est qu'une autorisation pour prospecter et rien d'autre, en amont d'une éventuelle commande. Le matériel a-t-il été vendu et réellement livré ? Des ONG finiront-elles par trouver des preuves de l'implication de ces armes françaises au Yémen ?

« Il n'est pas impossible que des photos de débris d'armes puissent être montrées aux autorités françaises, concède ma source interne à la CIEEMG. Je ne serais pas surpris qu'on ait alors des réactions scandalisées de la part de certains que ça ne gênait pas jusqu'à présent… Pour le moment, il n'y a eu que des photos de matériels qui avaient été exportés avant le début de l'intervention. Les chars Leclerc par exemple, vendus dans les années 1990[1].

– Et les munitions de TDA et de Nexter ?

– TDA et Nexter, ça sera autre chose… », marmonne mon interlocuteur.

*

Mars 2018

France Bleu Périgord se fait l'écho d'un étrange conflit social. Des salariés qui se mobilisent pour leur emploi, *a priori* rien d'exceptionnel. Sauf que cette discrète usine située à la périphérie de Bergerac, à

1. Chars vendus aux Émirats arabes unis, qui, dans le cadre de la coalition saoudienne, les utilisent dans le sud du Yémen mais aussi à Hodeïda.

quelques centaines de mètres de la Dordogne, se nomme Eurenco. Qu'elle est une filiale de Nexter spécialisée dans les charges explosives militaires. Et que c'est elle qui fournit la matière de base des munitions de 155 millimètres finalisées ensuite à La Chapelle-Saint-Ursin. Des munitions qui alimentent les canons Caesar qu'Aymeric Elluin, d'Amnesty International, a retrouvés à la frontière yéméno-saoudienne. Celles-là mêmes dont Jean-Marc Ayrault a tenté de bloquer la vente.

Que se passe-t-il donc chez Eurenco pour que ses employés alertent ainsi la presse et les pouvoirs publics ? Depuis quelques semaines, l'Allemagne, qui leur fournit la poudre explosive, refuse de livrer la marchandise si le destinataire final est l'Arabie Saoudite. Cette décision découle du contrat de coalition signé début 2018 entre les partis désormais au pouvoir à Berlin. Le texte prévoit notamment de cesser de vendre des armes aux pays de la coalition engagés au Yémen. Cette prise de position ravit les ONG de défense des droits de l'homme mais pour l'usine d'Eurenco, c'est une catastrophe : « Il n'y a pas encore eu de licenciements mais un certain nombre de contrats d'intérim ont été arrêtés. Pour le moment, on cherche d'autres fournisseurs, en Italie ou en Suède. Que va-t-il se passer ? La société peut-elle survivre sans ce précieux acheteur ? s'inquiète son représentant CGT, Jérémy Caillet. Les Saoudiens, par l'intermédiaire de Nexter, sont nos plus gros clients, avec 250 000 modules [le boîtier modulaire, c'est-à-dire la partie qui permet à l'obus de s'éjecter du canon] pour

2018 et près de 150000 les années précédentes. Une quarantaine de salariés sur les deux cents d'Eurenco travaille pour eux. » 150000 modules les années précédentes ! Les livraisons de munitions se sont donc poursuivies vers ce pays en guerre jusqu'au moment du veto allemand. Si la France a fermé les yeux, les Allemands, eux, envoyaient des signaux d'alerte depuis des mois… Au point d'inquiéter les Saoudiens.

*

Plus d'un an après le début de la guerre au Yémen, une délégation officielle de la Garde nationale, composée d'un haut gradé saoudien et de son escorte, se serait rendue à l'usine de La Chapelle-Saint-Ursin au sujet d'une commande gigantesque. L'un des participants à ces rencontres délicates me les a décrites. Lors de cette visite de la chaîne de production, les Saoudiens auraient ainsi discuté d'une livraison par trimestre de munitions de 155 millimètres – des milliers d'unités à chaque fois – *via* le port du Havre. En avril 2017, dans un palace parisien, les mêmes acteurs auraient fait un point sur l'état des livraisons. Les Saoudiens auraient alors évoqué les réticences allemandes mais seraient repartis rassurés : « Il a été convenu qu'en cas de difficulté l'armée française fournirait elle-même les munitions. S'il le faut, le gouvernement prendra sur ses stocks. Et se réapprovisionnera par la suite. L'Allemagne ne pourra pas refuser de fournir son allié français… », m'affirme cette source.

En une petite heure, tout aurait été réglé.

Dans le Cher, le personnel de Nexter Munitions se montre peu loquace par peur des représailles, mais un employé m'a confirmé, sous couvert d'anonymat, cette information : « Les dernières livraisons se sont faites *via* des emprunts sur les stocks de l'armée française, avec des recomplètements [nouvelles commandes] de plusieurs milliers en cours de livraison actuellement vers l'armée française. »

Éric Brune, le représentant national CGT de Nexter, fait le même constat : « Si un pays tiers pratiquait cette réexportation du matériel, ce serait tout simplement illégal ! Mais comme il s'agit de l'État français, la société ne peut rien dire… Ça va mal finir… » Les Allemands, désormais partie prenante dans la structure franco-allemande – KNDS –, apprécieront sans doute peu que la filiale française, Nexter, contourne ainsi les règles fixées par Berlin.

« De nombreux villages yéménites sont sous le feu du matériel que nous produisons… », déplore le syndicaliste. Il affirme que des dizaines de milliers d'obus ont bien été exportés depuis le début du conflit : « Le gouvernement laisse entendre à notre hiérarchie : "Vous avez des licences mais vous n'en parlez pas…" Nous, à la CGT, on est régulièrement rappelés à l'ordre : "Pas un mot aux journalistes…", explique-t-il. En interne, il est difficile d'en débattre, tout le monde est très gêné… »

D'autant plus difficile que Nexter ne se contente pas d'exporter les munitions. Des salariés – au moins une dizaine – sont installés en Arabie Saoudite pour entretenir les canons Caesar déployés à la frontière du Yémen. Ponctuellement, des experts se rendent également sur place afin d'effectuer la révision des véhicules lorsque les Caesar rentrent de leur rotation du front. Un entretien qui se fait, mois après mois, sur les bases saoudiennes, essentiellement près de Riyad. Ce MCO – pour « maintien en condition opérationnelle » – est pourtant, lui aussi, soumis à autorisation. Visiblement, la France n'a pas jugé bon de suspendre non plus ces licences-là.

La ministre des Armées, Florence Parly, a fini par reconnaître publiquement la présence des canons Caesar à la frontière du Yémen. Mais tous, selon elle, ont été vendus avant l'offensive. C'est passer sous silence la fourniture continue de ces munitions et de ce MCO. Et c'est oublier de dire que la France s'apprête à en fournir de tout neufs. À Bourges, un employé de Nexter me l'affirme, toujours sous couvert d'anonymat : des canons – commandés après le début du conflit – sont actuellement en cours de finalisation. « 18 seront livrés début 2019 à l'Arabie Saoudite… Bien sûr, c'est un cas de conscience – mais comment le résoudre ? s'interroge-t-il. L'industriel est dans son rôle. C'est le gouvernement français, le problème ! Pourquoi ne suspend-il pas les licences ? »

*

Devant des députés, le 4 juillet 2018, la ministre des Armées a également affirmé que les canons Caesar n'étaient employés qu'à titre « défensif », « pour protéger la frontière des incursions des Houthis ». Mais, loin d'être de simples garde-frontières, comme le suggère la ministre – ce pour quoi ils ne sont d'ailleurs pas conçus –, les canons Caesar participent en fait à un dispositif d'appui à des incursions en territoire yéménite.

Rares sont les étrangers à pouvoir accéder à ces confins où vivent des dizaines de milliers d'habitants – et où se situe le fief historique des Houthis, Saada.

L'organisation Médecins sans frontières y est présente depuis de longues années. Caroline Seguin, la responsable de ses opérations au Yémen, s'y est rendue à plusieurs reprises. Leur hôpital est l'un des tout derniers auxquels peuvent encore accéder les populations de cette zone privée de toute structure de soin. « Des civils blessés par la guerre, on en reçoit tous les jours. Les bombardements aériens ne sont pas seuls responsables : il y a aussi les bombardements terrestres. Les incursions saoudiennes sont régulières. Dans cette zone, il y a des combats tous les jours, explique-t-elle. Les Houthis restreignent considérablement nos mouvements. En face, la coalition refuse de nous donner accès aux zones plus proches de la frontière : en mai 2017, elle nous a expliqué que leurs tirs terrestres étant moins précis que les bombardements aériens, ils ne pouvaient par conséquent assurer notre sécurité. » À plusieurs reprises, les équipes de MSF ont tout de même tenté de se rendre dans le district de Razeh, à une dizaine de kilomètres de la frontière, et à plus d'une heure et demie de route de Saada : « Par deux fois, nous avons effectué des *flash visits* dans la ville pour évaluer les besoins. Le soir même, des frappes d'artillerie touchaient la ville. L'avertissement était on ne peut plus clair », conclut-elle.

Andrea Carboni travaille pour l'ACLED, l'Armed Conflict Location & Event Data Project, un réseau de chercheurs implantés de par le monde, qui compile des informations chiffrées sur des conflits armés à l'aide de sources publiques – des articles en ligne, des rapports établis par des organisations des droits de l'homme…

Il documente depuis trois ans cette guerre du Yémen, et particulièrement le long de cette frontière yéméno-saoudienne. Selon lui, les provinces de Saada – notamment ce district de Razeh – et de Hajjah sont celles où les tirs d'artillerie ont été les plus nombreux.

« Entre janvier 2016 et janvier 2019 – principalement en 2018 –, nous avons enregistré 775 tirs d'artillerie de la coalition saoudienne au Yémen dans ces provinces de Hajjah (Abs, Bakil-al-Mir, Harad, Midi) et de Saada (Baqim, Razeh…). Parfois en même temps que des bombardements aériens, mais à chaque fois hors d'un contexte d'échanges de tirs – il ne s'agit pas d'une réponse à un tir houthi. Ces bombardements terrestres ont fait 161 morts : 93 civils et 68 combattants. »

Le plus embarrassant pour la France est à venir : « Dans 137 cas, les civils ont été directement visés. Dans 16 cas, des enfants ont été blessés ou tués par ces bombardements. » Seulement 33 de ces frappes visaient selon lui clairement des forces militaires ennemies. Pour le reste, c'est plus indéterminé :

«Mais cela ne veut pas dire que des civils n'ont pas été touchés. Attention, précise-t-il, les informations que nous agrégeons proviennent de médias internationaux et locaux, des rapports d'ONG, de comptes Twitter sélectionnés avec soin – en tout, plus de 300 sources distinctes. Le contrôle de l'information par les Houthis dans cette zone rend les données difficiles à vérifier, mais nous ne les prenons en compte que lorsque cette source est solide, et toujours dans une estimation la plus basse possible. Cependant, il n'y a aucun doute sur le fait que l'artillerie saoudienne attaque régulièrement ces régions.»

Comment pouvoir affirmer que les canons Caesar ne participent pas à ce carnage ? Ni la société Nexter ni les autorités françaises n'ont souhaité commenter ces informations.

10

PENDANT LA GUERRE AU YÉMEN, LES AFFAIRES CONTINUENT

«Est-ce que cela poserait un problème d'image pour la société si vos munitions étaient utilisées au Yémen ?
— Ben non, il n'y a pas une grosse médiatisation… »

Un employé de Thales.

Juin 2018

« Ladies and Gentlemen, a warm welcome to Eurosatory. » Deux fois par jour, durant la tenue de ce salon dédié à l'armement terrestre et aéroterrestre, des démonstrateurs jouent à la guerre sur une butte de terre artificielle à Villepinte, au nord de Paris. Rien ne manque au tableau : boue, gravier et même un

fond musical de rock metal. Des saynètes successives mettent en scène des civils – touristes ou réfugiés – attaqués invariablement par des « terroristes ». Différentes armes volent à leur secours. Ce jour-là, un drone de la société Azur donne l'alerte. Puis c'est au tour d'un robot belge, équipé d'une mitrailleuse lourde. Il abat les cinq membres du commando. *« Terrorists are all down. That's fantastic! »* hurle le commentateur. L'odeur des balles à blanc flotte encore lorsque le public se disperse pour rejoindre les halls d'exposition.

Chaque pays – soixante-trois en tout – y déploie son sens du marketing selon les passions nationales. Les Japonais proposent des gâteaux colorés. Les Pays-Bas affichent une immense photo de leur couple royal. Et le Pakistan expose des fusils d'assaut plaqués or.

Les PME françaises se sont regroupées par régions dans un ordonnancement un peu morne : la Normandie, la Bretagne... Le Cher et la région Centre sont particulièrement bien représentés. D'inoffensifs fabricants de galons jouxtent les missiles de Lockheed Martin. De minuscules composants, les canons Caesar.

Les stands en plein air sont les plus courus. L'imposant pavillon de Thales n'est accessible que sur invitation, comme me le précise, dissuasif, un agent de sécurité. Une chargée des relations médias m'invite toutefois à en faire le tour en sa compagnie. Thales ayant refusé de me laisser filmer l'usine de TDA en Sologne – toujours cette petite musique du secret-défense –, je me suis résolue à leur rendre visite sur leur site d'Eurosatory. En ce jour pluvieux de juin, je vais essayer d'obtenir quelques réponses au sujet de cette commande des Saoudiens (les munitions de 120 millimètres) que Jean-Marc Ayrault, ministre des Affaires étrangères, avait tenté de bloquer, en même temps que celles destinées aux canons Caesar.

Chez Thales, l'accueil de chaque délégation étrangère débute par la projection d'un film personnalisé recensant les produits maison déjà acquis par le pays et ceux dont celui-ci pourrait encore avoir besoin. Au moment de mon passage, le film s'adresse à de hauts gradés de l'armée libanaise... Salle après salle, je prends la mesure de l'étendue de la gamme produite par la marque Thales. Née de la fusion des branches militaires d'Alcatel, de Dassault Électronique et de Thomson-CSF, Thales est la principale société française d'armement, avec un chiffre d'affaires de 15 milliards d'euros – en constante augmentation depuis 2013.

Si Thales possède des activités civiles (transport terrestre, aérospatiale), son cœur de métier demeure la guerre, à toutes ses étapes : survie du soldat, radars, brouilleurs, radios, jumelles – « toujours des noms de femmes : la dernière-née s'appelle Sophie », croit bon de préciser ma guide. Elle me vante aussi des *« dream products »* tel ce véhicule baptisé Hawkei. « Il est magnifique, non ? C'est le petit frère du Bushmaster. Comme lui, il est entièrement blindé. En Afghanistan, il a décroché un joli record : 50 attaques par IED [*Improvised Explosive Device*, en français des « engins explosifs improvisés », la terreur de nos soldats], zéro mort. Il a déjà été vendu à l'Australie. On espère séduire l'armée française.» Cet engin, fabriqué dans des usines australiennes, rappelle que Thales – 64 860 salariés répartis dans cinquante-six pays – est avant tout une multinationale.

Le cœur du pavillon est dédié à l'«appui feu»: y sont exposées des roquettes à guidage laser pour l'hélicoptère Tigre et les fameuses munitions de 120 millimètres de TDA (filiale de Thales), fabriquées dans l'usine qui m'a été interdite d'accès. Mon accompagnatrice tente de me consoler: «Vous savez, même moi j'ai dû laisser mon téléphone à l'entrée pendant la visite...» Un civil, employé de Thales, tout en sourire et détachement, me présente le canon de 120 millimètres – ce «produit phare» qui avait «même» séduit les soldats américains au début des années 1990.

«Ils l'ont fait acheter à leur armée après l'avoir vu en action lors de la guerre du Golfe en 1991...»

Je me hasarde...

«Des munitions de 120 millimètres ont-elles été livrées à l'Arabie Saoudite depuis 2017 et le problème rencontré en CIEEMG ?

– J'imagine. À ma connaissance, il n'y a pas eu de révocation de licence.

– Est-ce que cela poserait un problème d'image pour la société si elles étaient utilisées au Yémen ?

– Ben non, il n'y a pas une grosse médiatisation... De toute façon, c'est très précis, ça tire à 8 kilomètres.

– En quoi cela empêche-t-il l'armée saoudienne de viser les civils ?

– Heu… Ben, c'est plus précis qu'un bombardement aérien, par exemple… »

Thales vend justement des nacelles fixées sous le fuselage d'un avion de chasse, appelées pods, qui permettent à une bombe à guidage laser d'atteindre un objectif avec une grande précision. Cet objet-là, ni missile ni bombe, est quand même une arme qui sert à les diriger… Mais il sera impossible d'en retrouver la trace dans les décombres d'une école ou d'un hôpital. Selon L'Observatoire des armements et le SIPRI (le Stockholm International Peace Research Institute), des pods Damocles XF ont bien été livrés depuis le début du conflit. Le site Internet de Thales n'en fait même pas mystère : « Les pods Damocles de troisième génération équipent désormais les avions de chasse saoudiens Tornado et Typhoon. » Ceux-là mêmes mis en cause dans le bombardement des populations civiles. Équipaient-ils l'avion qui a bombardé le 9 août 2018 un bus d'enfants dans la région de Saada ? Ou celui qui, le 15 mars 2016, a touché un marché dans la province de Hajjah – une centaine de morts –, ou encore celui qui a frappé une cérémonie funéraire le 8 octobre 2016 à Sanaa – 140 morts également ? La société Thales sait-elle avec précision où et comment sont employés ses obus de 120 millimètres ? À toutes ces questions, l'entreprise s'est contentée de me répondre ceci : « Les exportations s'effectuent sous le contrôle de l'État. Thales respecte les réglementations françaises et internationales liées au contrôle des exportations[1]. »

1. E-mail du 4 décembre 2018.

Rares, il est vrai, sont les fabricants d'armes qui acceptent d'évoquer l'encombrant client saoudien.

Un industriel a fait exception à la règle.

*

Cherbourg, à la pointe du Cotentin, est tout entière tournée vers la mer. Au large, les fortifications de Vauban rappellent la nécessaire protection du temps où menaçait l'Anglais ennemi. À quai, *Le Redoutable*, premier sous-marin nucléaire lanceur d'engins construit par la France et offert par elle, une fois désarmé, à la Cité de la mer. L'extraordinaire technologie de ces bâtiments de guerre – vendus également à l'export – est un peu l'estampille, et la fierté, de la ville.

De l'autre côté de la rade, l'un des derniers chantiers navals privés de cette région, les Constructions mécaniques de Normandie (CMN), dont l'histoire mouvementée remonte aux années 1930. Avant la Seconde Guerre mondiale, une chaîne d'assemblage y produisait les avions de combat de Félix Amiot. Depuis, les nefs (ainsi appelle-t-on ces immenses hangars-ateliers) sont dédiées aux navires de guerre. Sauvée de la faillite au début des années 1990 par un homme d'affaires d'origine libanaise, Iskandar Safa[2], CMN a pu profiter de ses réseaux au Proche et au Moyen-Orient. En 2003, l'entreprise a remporté un contrat de plusieurs centaines de millions de dollars

2. Désormais également propriétaire du magazine *Valeurs actuelles*.

avec les Émirats arabes unis, puis en 2013 avec le Mozambique[3]. Désormais, seule l'exportation permet de maintenir les 350 emplois.

Pierre Balmer dirige CMN depuis 2001. Il est en France le seul industriel à m'avoir laissée filmer ses usines. Sans hésitation et sans aucune restriction. Ce patron dégage une force tranquille. Il m'accueille avec beaucoup de patience. Prêt à répondre à toutes mes questions. « Il faut être cohérent, on ne peut pas demander l'amélioration de la situation de l'emploi et faire la course avec la concurrence en ayant les jambes entravées. Nous avons tous une morale et souhaitons que ce que nous fabriquons ne serve pas. Pour autant, notre activité a pignon sur rue. Elle fait vivre des bassins d'emplois et beaucoup de familles. Je ne suis pas du tout cynique. Simplement factuel. »

Dans la salle des maquettes, Pierre Balmer nous montre toute la gamme des réalisations des CMN : un patrouilleur de 56 mètres, mais aussi le navire de 71 mètres vendu en 2003 aux Émirats arabes unis, « une corvette très sophistiquée, très armée, avec des canons de 76 ». Et enfin un navire de guerre de « 32 mètres » sur lequel reposent de gros espoirs. Casque de chantier sur la tête, Pierre Balmer nous emmène filmer sa coque toujours en cours de fabrication dans la nef principale de l'usine : « C'est une vraie bête de course, probablement le plus rapide du monde dans sa catégorie, avec ses 50 nœuds, soit près

3. Le contrat pour 24 bateaux de pêche, mais aussi des intercepteurs et des patrouilleurs, est désormais au cœur d'un contentieux judiciaire.

de 100 kilomètres-heure. Entièrement en aluminium, il sera équipé d'un canon de 20 millimètres. Il est conçu pour des missions d'action de l'État en mer: la lutte contre les trafics, le terrorisme... On espère le vendre à l'Arabie... » Entendre l'Arabie Saoudite. Le contrat tient Pierre Balmer en haleine depuis des mois. Le Royaume achèterait 39 navires dont 24 seraient construits à Cherbourg soit trois ans d'activité pour ses salariés. «Les 15 autres seront fabriqués là-bas. C'est la condition *sine qua non* pour vendre à ce pays.» Le contrat est, dit-il, paraphé depuis dix-huit mois mais les choses tardent à se concrétiser. «Le sujet a été évoqué au "bon niveau" par Jean-Yves Le Drian. On espère signer bientôt. Inch Allah, comme on dit[4]... »

L'entreprise CMN devait conclure un second contrat avec l'Arabie Saoudite. Bénéficiaire de l'important contrat Donas prévu pour le Liban et payé par le royaume sunnite en 2014, le chantier naval normand devait initialement fournir trois patrouilleurs de 56 mètres à la marine libanaise. «Tout est à recommencer pour s'adapter aux besoins de la marine saoudienne. Nous sommes en train de proposer un nouveau bateau. Mais ce n'est pas tout à fait le même prix», m'explique-t-il lors de ce tournage réalisé en juin 2017[5].

4. À l'automne 2018, ce serait chose faite. Mais Pierre Balmer, contacté à nouveau en novembre, n'a, cette fois, pas donné suite...

5. Fin 2017, une solution semblait avoir été trouvée et les navires mis en chantier, puis tout se serait grippé à nouveau en septembre 2018. Là encore Pierre Balmer n'a pas souhaité commenter.

Quelle est la destination de ces navires CMN ? Pourront-ils être utilisés par l'Arabie Saoudite pour exercer le blocus maritime des ports du Yémen ? Un blocus assuré par la coalition, vivement condamné par les Nations unies et les ONG pour ses conséquences humanitaires catastrophiques. Beaucoup le qualifient de crime de guerre. D'autres sociétés françaises continuent à fournir du matériel et une assistance technique, tant à la marine qu'aux garde-côtes saoudiens. Notamment DCNS/Naval Group, engagé dans la modernisation des quatre frégates livrées dans les années 1980, des frégates impliquées dans le blocus du Yémen – l'une d'elles a d'ailleurs été sérieusement endommagée par une attaque houthie en janvier 2017.

Pierre Balmer rappelle que d'autres pays sont impliqués dans ce conflit. « Il y a toute une coalition engagée au Yémen : il n'y a pas que l'Arabie Saoudite. Le Koweït et les Émirats arabes unis ont aussi des navires engagés. Mais effectivement, c'est un sujet. Ce n'est pas neutre. Je n'ai pas d'avis personnel : y a-t-il des bons, y a-t-il des méchants ? Qui a raison, qui a tort ? Aujourd'hui ce monde de l'armement est très, très concurrentiel : il y a un gros potentiel. Certains pays anglo-saxons ont tendance à adopter une posture morale, à vous l'imposer et ensuite à être les premiers à contourner cette interdiction… »

S'il s'avérait que les navires de CMN ont servi à maintenir ce blocus, quelles pourraient être les conséquences pour la France et cette entreprise ?

« Absolument aucune, affirme le P-DG. À partir du moment où le contrat est respecté et où on a vendu le matériel qui était spécifié, seul l'utilisateur en l'occurrence – dans votre exemple, l'État étranger – pourrait être poursuivi. En aucun cas la France et encore moins l'industriel. »

La coalition que conduit l'Arabie Saoudite dans ce conflit implique aussi les Émirats arabes unis, eux-mêmes troisième client de la France avec 701 millions d'euros de commande d'armement pour 2017[6]. Sous les couleurs émiraties, des avions français bombardent le Yémen : 62 Mirage 2000-9 vendus par Dassault en 2009 et pour lesquels un contrat de modernisation a été signé en 2017. Devant l'Assemblée nationale, Florence Parly, la ministre des Armées, a indiqué, en juillet 2018, que la flotte des Émirats arabes unis combat « Al-Qaida dans la péninsule Arabique ». À plusieurs reprises, les Mirage ont pourtant été suspectés de viser d'autres cibles que celles de l'organisation terroriste. Un groupe d'experts de l'ONU, Amnesty International, l'organisation ARES et plus récemment les ONG Mwatana et PAX ont signalé au moins deux bombardements de sites civiles en septembre 2015 et janvier 2016. Lors de ces opérations, des munitions HAKIM PGM

6. Des chars Leclerc livrés par la France jusqu'au début des années 2000 sont ainsi déployés sur le terrain. « Leur implication au Yémen a fortement impressionné les militaires de la région », a expliqué Stéphane Mayer, le patron de Nexter à l'Assemblée nationale en mars 2016.

fabriquées au Royaume-Uni auraient pu être larguées par l'un des Mirage 2000-9 de Dassault[7].

Quelques mois plus tôt, lors de mon entretien avec Éric Trappier, le P-DG de Dassault Aviation, je lui avais posé la question de la responsabilité des industriels fournisseurs de l'Arabie Saoudite et de ses alliés. Il se défaussait sur le pouvoir politique. « Les opérations ne sont pas de notre fait. Il n'y a pas de garantie. Les industriels ne peuvent pas vérifier si leur matériel est utilisé pour commettre des crimes de guerre, ils n'en ont pas les moyens. Et ce n'est pas de notre ressort. On a des assistants techniques sur les bases mais ils ne savent pas ce qui se passe en vol. Ce n'est pas à nous de savoir… »

*

20 mars 2018

Aymeric Elluin, d'Amnesty International, et Hélène Legeay, de l'ACAT (Action des chrétiens pour l'abolition de la torture), ont convoqué la presse dans une brasserie de la place du Châtelet à Paris. Ce jour-là, ils s'apprêtent à dévoiler les résultats d'une enquête menée dans le plus grand secret. « Un débat citoyen sur les ventes d'armes, franchement, en France, ça n'arrivera pas, m'a confié Aymeric Elluin. Il faut désormais se placer sur le plan légal. » Pendant des mois, les deux militants ont donc demandé aux

7. Contactée par courriel, la société Dassault n'a pas répondu.

avocats Joseph Breham et Laurence Greig, du cabinet Ancile, de réfléchir à la bonne approche. Poursuivre les industriels, l'État ? Et ce sur quelle base juridique ?

Leur rapport, intitulé *Avis juridique – Les transferts d'armes de la France dans le cadre du conflit au Yémen à compter d'avril 2015 jusqu'à la période actuelle*, commence par détailler les équipements vendus par la France : canons Caesar, munitions Nexter et TDA, pods Thales, avions ravitailleurs A330 MRTT… Une liste parcellaire, regrettent les avocats, « en raison du secret qui recouvre les ventes de matériels militaires ». Mais qui suffit toutefois, selon eux, à « démontrer que la fourniture d'armes, pièces, composants et munitions, l'assistance technique et les formations se sont vraisemblablement poursuivies malgré la commission alléguée de crimes de guerre par l'Arabie Saoudite au Yémen ». Pour les juristes et les responsables associatifs, il est clair que la France s'expose juridiquement. « Il existe un risque très élevé que les transferts d'armes vers l'Arabie Saoudite et les Émirats arabes unis soient illégaux en vertu des engagements internationaux de la France », assène Me Laurence Greig. C'est l'un de leurs rares espoirs, formulé par Aymeric Elluin : « Une action judiciaire permettrait à un juge de tenter d'arracher des réponses à l'État sur la manière dont il évalue le risque d'exportation. Ces délibérations de la CIEEMG, avec une décision *in fine* du Premier ministre, sont classifiées. Nous ne pouvons rien obtenir. Mais un juge arriverait peut-être, lui, à faire lever le secret-défense[8]. »

*

Au ministère de la Défense, au cours du mandat de François Hollande, personne ne semble s'être inquiété de ce genre de risque. À aucun moment, selon mes informations, la direction juridique de l'« équipe France » de Jean-Yves Le Drian n'a été saisie d'une potentielle violation du Traité sur le commerce des armes. La controverse avec Jean-Marc Ayrault n'évoque rien non plus. « Je n'ai le souvenir d'aucun problème en CIEEMG avec le ministère des Affaires étrangères », me dit, avec malice, l'une de mes sources au sein de cette « équipe France ».

Au contraire, ses membres se reprocheraient plutôt de n'être pas parvenus à vendre encore plus de matériel à l'Arabie Saoudite. « Avec Riyad, ça n'a pas bien marché, déplore l'un des piliers de l'"équipe France". Il faut reconnaître que nous ne sommes jamais parvenus à créer des liens de confiance et de compréhension avec les Saoudiens. Nous n'avions simplement pas trouvé le bon interlocuteur. Ça commençait tout juste à s'arranger à la fin. Avec MBS [Mohammed ben Salmane], nous commencions à avoir des signaux positifs… »

8. En mars 2019, alors que je termine la rédaction de cet ouvrage, ni l'ACAT ni Amnesty International n'ont encore engagé de poursuites. Une autre association, ASER, de Benoît Muracciole, tente de son côté un recours devant le tribunal administratif.

Jean-Yves Le Drian n'a pourtant pas ménagé ses efforts pour amadouer ce client qui avait, jusque-là, fait la fortune de nos industries. Le ministre a notamment tenté de lui vendre des frégates FREMM, des corvettes Gowind et aussi le char Leclerc de Nexter. Lors d'une démonstration organisée fin novembre 2015 sur un champ de manœuvres du Royaume, les militaires saoudiens avaient semblé très impressionnés par ses performances. À ce moment-là, la guerre au Yémen avait déjà éclaté et les accusations de crimes de guerre commis par le Royaume faisaient déjà scandale. Pas de quoi rebuter Jean-Yves Le Drian, dont l'entourage s'enthousiasmait un peu trop vite devant l'AFP : « On parle de quantités astronomiques de véhicules [...], plusieurs centaines de chars... » Et puis non. Échec total. Aucune commande.

Il est vrai que les négociations s'inscrivent dans une période particulièrement complexe de l'histoire du royaume saoudien. Le 23 janvier 2015, la mort du roi Abdallah ouvrait une bataille de succession violente dont sortait gagnant le jeune prince héritier, Mohammed ben Salmane, bientôt surnommé MBS. Deux ans après son accession au trône, sous couvert de lutte contre la corruption, le prince fit procéder, dans la nuit du 4 au 5 novembre 2017, à une gigantesque rafle à Riyad. Des personnalités saoudiennes se retrouvaient placées en résidence surveillée à l'hôtel Ritz-Carlton. Plus de deux cents princes, hommes d'affaires, ministres, soudain déchus et privés de leur statut. Or certains d'entre eux constituaient des relais importants pour les industriels français, notamment

Miteb ben Abdallah, le puissant patron de la Garde nationale saoudienne. Tous ces réseaux patiemment constitués durant des décennies, sous le règne du roi Abdallah, s'en trouvaient profondément bouleversés.

MBS, le nouvel homme fort des lieux, souhaite désormais « créer sa propre industrie d'armement », comme me le confie un intermédiaire français familier des intrigues saoudiennes. Le jeune prince ne veut plus entendre parler de l'office français chargé de coordonner les contrats, l'ODAS[9]. « La France n'arrive pas à le comprendre : cet office est mort ! » s'énerve mon interlocuteur. « Ce qui est bloquant, conclut une deuxième source au sein de l'"équipe France", c'est plutôt la fin de l'âge d'or où les Saoudiens dépensaient à tout va, où le pétrole coulait à flots et où ils avaient les poches qui débordaient, pour parler de manière très vulgaire... »

La France de François Hollande n'a donc pas jugé utile de refuser les armes demandées par l'Arabie Saoudite, en dépit du conflit au Yémen et des accusations de crimes de guerre. Au contraire, elle a continué de promouvoir avec ardeur ses industriels au mépris du risque juridique pesant sur ces contrats.

Chez nos voisins européens, il en a été autrement.

9. Office chargé de coordonner les ventes d'armes à l'Arabie Saoudite. Mes demandes d'interview auprès de cet office sont aussi restées sans réponse.

11

AILLEURS EN EUROPE

> « Lorsque nous publions notre classement annuel des pays exportateurs d'armement, le gouvernement allemand est toujours un peu embarrassé, il conteste les chiffres à la baisse, tente de se justifier. La France, c'est tout le contraire… On a l'impression que le gouvernement tire une grande fierté à être bien classé. Je ne sais pas vraiment l'expliquer. Vous avez une idée ? »
>
> SIBYLLE BAUER, chercheuse au SIPRI.

LA ROYAL COURTS OF JUSTICE ÉLÈVE SON IMPOSANTE façade néogothique au cœur de Londres, à deux pas de Westminster. Le mardi 7 février 2017, pour la première fois de sa vie, Andrew Smith en franchit le seuil. C'est un homme un peu rond et pas très sympathique, mais tenace et redoutablement stratège. Flanqué de deux avocats du cabinet Leigh Day, il ne cache ni sa joie ni son anxiété au moment de fouler le sol majestueux au damier noir et blanc de la Cour. Le représentant de l'organisation CAAT (Campaign Against Arms Trade) a bataillé des mois pour se tenir précisément ici. La présence de nombreux journalistes rend l'atmosphère plus solennelle encore. Alors qu'à l'extérieur, sous le crachin londonien, deux militants tendent une bannière *Stop Arming Saudi*, Andrew Smith va tenter de prouver l'illégalité des ventes d'armes anglaises à l'Arabie Saoudite. Son initiative, cette judiciarisation, est une première absolue. En soi, c'est déjà une victoire. La nouvelle s'est répandue dans le monde entier. Une interdiction marquerait un tournant majeur pour tous les pays vendeurs d'armes.

Au Royaume-Uni, à la différence de la France, il existe un débat vif et structuré à propos des ventes d'armes. À la Chambre des communes, une commission spécifique, le Committees on Arms Export Controls, examine le rapport annuel du gouvernement sur les exportations d'armes et rédige un contre-rapport comprenant des questions et des recommandations auxquelles le gouvernement doit répondre dans un délai de deux mois. Cette commission n'a qu'un rôle consultatif mais son existence favorise une certaine transparence. De fait, les députés interrogent fréquemment le gouvernement à ce sujet.

Pourtant, malgré ce débat, malgré le droit national, malgré la ratification par le Royaume-Uni du

Traité sur le commerce des armes, ce pays continue, comme la France, à vendre des armes à l'Arabie Saoudite (pour plus de 5,2 milliards d'euros): des bombes à guidage laser Paveway fabriquées par Raytheon en Écosse, des missiles Brimstone et des avions de combat Eurofighter Typhoon conçus au nord de Manchester que l'organisation CAAT accuse Riyad d'employer contre les populations civiles au Yémen.

*

Septembre 2017

Sept mois après l'audience à la Royal Courts of Justice, Andrew Smith m'accueille au QG de CAAT dans le quartier de Finsbury Park, dans le nord de Londres. Quelques jours plus tôt, son organisation a été déboutée en première instance. Il rumine la nouvelle dans son minuscule bureau. Le décor, spartiate, laisse songeur sur les moyens de cette ONG partie en guerre contre l'une des industries les plus prospères au monde. Des ressources qu'assèche encore un peu plus ce marathon judiciaire. «La Haute Cour de justice a pris le parti du gouvernement, m'explique-t-il, rageur. Les exportations britanniques vers l'Arabie Saoudite vont se poursuivre en dépit des milliers de morts au Yémen, de cette catastrophe humanitaire, des crimes de guerre commis. L'essentiel de la procédure s'est tenu à huis clos. On ne saura probablement jamais sur quoi se sont fondés les juges pour rendre leur décision. C'est un signal extrêmement négatif. Nous ne sommes pas les seuls à penser que les forces saoudiennes violent le droit humanitaire international : un panel d'experts de l'ONU, Amnesty International, Oxfam, Human Rights Watch et toutes les ONG sérieuses qui sont sur le terrain le documentent depuis deux ans. Si la Grande-Bretagne ne respecte pas les critères d'exportation – proches de ceux du TCA – qu'elle s'est fixée à elle-même, alors ce ne sont que des mots. De la simple rhétorique. Évidemment nous allons faire appel[1] ! »

Andrew Smith me propose de l'accompagner à l'est de la ville. Dans deux jours, l'un des plus grands salons de l'armement au monde, le DSEI (Defence & Security Equipment International), doit se tenir dans l'enceinte de l'Excel London, à deux pas du City Airport, qu'affectionnent les hommes d'affaires londoniens. Sur le plan d'eau voisin, au pied du Royal Victoria Bridge, un bâtiment de guerre britannique donne le ton. Plusieurs hélicoptères de combat occupent les aires de parking. Massée aux deux entrées, une petite foule bigarrée et joyeuse. Des familles, des personnes âgées, des musiciens, un barbecue et quelques tentes pour les plus motivés. Ils dormiront sur place le temps du salon. Pour cette édition 2017, la guerre au Yémen et l'écho de la procédure judiciaire initiée par CAAT ont attiré bien plus de monde que les habituels activistes pacifistes…

1. Il faudra huit mois supplémentaires pour qu'en mai 2018, l'organisation d'Andrew Smith soit autorisée à poursuivre la procédure devant une cour d'appel. L'affaire devrait être entendue en avril 2019.

Pour encadrer la manifestation, des bobbies, très polis :

« Cher monsieur, vous commettez une infraction en obstruant cette rue. Je vous prie de libérer le passage… »

D'autres policiers, montés sur de puissants chevaux, veillent à circonscrire tout débordement et donnent un certain chic à l'événement.

« Il y a eu huit arrestations hier, vingt la veille. Chacun prend des risques en venant ici », m'explique une jeune femme au visage mangé par d'immenses lunettes de soleil. Dès avant l'ouverture du salon, des manifestants tentent de bloquer l'accès aux camions transportant l'armement. Ils s'obstinent à se coucher devant leurs roues pour les immobiliser. Les forces de l'ordre les délogent un par un. Une poignée d'entre eux est amenée à l'écart. Plus tard, ils seront traduits devant une cour pour « trouble à l'ordre public ». Tous seront relaxés.

Andrew Smith, sombre et discret, se tient un peu à l'écart, au plus près du grillage au-delà duquel il est interdit de pénétrer : « Dans deux jours, notre gouvernement déroulera le tapis rouge aux régimes les plus brutaux de la planète dans le seul but de vendre des armes… L'aviation saoudienne ne peut pas fonctionner sans les jets et les bombes anglaises de MBDA [qui est aussi anglaise], qui conçoit et fabrique les missiles utilisés contre les populations du Yémen. C'est étonnant pour nous de voir la France, qui a cette longue tradition de contestation et de désobéissance civile, être si apathique sur ce sujet. »

Soudain, un ronflement assourdissant. Les pales d'un hélicoptère de transport de troupes frappé du sigle *US Army* hachent l'air doux de l'été londonien. C'est décalé et un peu sidérant. Des manifestants grimpent au grillage, d'autres lèvent les mains au ciel, majeurs dressés, droits et dérisoires.

*

Les ventes d'armes à l'Arabie Saoudite dans le contexte de la guerre au Yémen ont constitué depuis mars 2015 un test pour toute l'Europe.

Plusieurs ONG, d'Italie, de Belgique et des Pays-Bas, ont suivi l'exemple d'Andrew Smith et poursuivi leur État en justice pour contester la légalité des autorisations d'exportation. Aucune n'a pour l'heure obtenu gain de cause. « Cela a été extrêmement long… Même le juge n'était visiblement pas très sûr de ce qu'il devait faire. Tout ça est très nouveau en droit, ça n'a jamais été fait avant », m'explique Frank Slijper, de l'ONG néerlandaise PAX. En 2015, cette organisation a attaqué une licence accordée à l'Égypte, ce pays ayant été impliqué dans la coalition au début du conflit au Yémen. « La procédure est devenue d'une incroyable complexité. Mais cela a permis une discussion publique, les médias et le Parlement s'en sont saisis. C'est déjà ça. C'est d'autant plus frustrant que les Pays-Bas ont plutôt une politique stricte vis-à-vis de l'Arabie Saoudite, vers qui le gouvernement a interdit les exportations dès 2016. »

Chez certains de nos voisins, les ventes d'armes à la coalition engagée au Yémen ont viré à la crise politique. Avant même l'affaire Khashoggi, les Pays-Bas mais aussi la Suède, la Norvège et la Grèce ont remis en cause leurs exportations vers Riyad. En Finlande, tous les candidats à l'élection présidentielle de 2018 ont déclaré vouloir suspendre les ventes d'armes vers les Émirats arabes unis, sans finalement jamais passer à l'acte. En février de la même année, le nouveau gouvernement allemand, une coalition (CDU-CSU et SPD) s'engageait à ne plus livrer d'armes aux pays « impliqués dans la guerre au Yémen ».

Certains, comme l'Espagne, ont aussi dû faire marche arrière. En septembre 2018, après huit jours de tergiversations, le gouvernement s'est retrouvé contraint d'annoncer que 400 bombes à guidage laser seraient bien livrées à l'Arabie Saoudite. Ce contrat de 9,2 millions d'euros avait failli être annulé après l'émoi suscité par le bombardement, en août, d'un bus d'enfants au Yémen. Mais après un intense lobbying et la menace de supprimer en retour un accord d'achat de cinq corvettes, extrêmement lucratif pour les industries espagnoles, l'Arabie Saoudite est parvenue à ses fins et a obtenu ses bombes.

*

Le débat a aussi pris corps au sein des instances de l'Union européenne. Celle-ci s'est dotée dès 2008 d'un outil de régulation des ventes d'armes. Avant même l'existence du Traité sur le commerce des armes, une « position commune » avait défini des règles d'exportation et fixé huit critères, dont, là aussi, le risque de commission de violations graves du droit humanitaire international. À plusieurs reprises, le Parlement européen a tenté de faire respecter ces règles et voté des résolutions réclamant un embargo sur les ventes d'armes européennes vers l'Arabie Saoudite. Sans émouvoir pour autant les décideurs français, et notamment le président François Hollande : « Les députés européens n'ont aucun pouvoir, m'explique posément un de ses proches. Sur ces sujets, les discussions se passent entre États. Si vous considérez que la représentation nationale française n'est même pas impliquée dans la prise de décision, alors imaginez le Parlement européen… Avec tout le respect que j'ai pour lui, hein… Là, ça ne rentre pas dans les cases… »

Une eurodéputée suédoise n'est pas de cet avis.

*

Bodil Valero, lunettes rondes, longue chevelure grise, chic poncho jaune et kaki, siège au Parlement européen. Élue du groupe des Verts, il lui est revenu la tâche délicate d'évaluer le respect de la Position commune européenne. En juillet 2017, alors que je lui rends visite à Bruxelles, elle s'apprête à faire adopter son rapport. Dans son bureau du Parlement, bien alignée au sol, une rangée de chaussures à talons. Au mur, les affiches de son parti alertent sur les dangers du nucléaire. Mais son cheval de bataille, ce sont les armes. Elle refait les comptes avec son équipe avant de descendre dans l'hémicycle pour le vote de son texte. Bodil Valero y a travaillé pendant des mois et souhaite faire adopter un mécanisme de sanctions pour les pays récalcitrants. « Tous nos membres sont présents. Je pense qu'on va pouvoir gagner sur un certain nombre de points, sur le Yémen et l'Arabie Saoudite », tente de la rassurer son assistant parlementaire. « Les Français vont voter contre nous, me précise-t-elle avec dépit, parce que je mentionne notamment que Paris ne soumet pas la liste complète de ses exportations. La plupart des autres pays le font pourtant. Il y a vraiment quelque chose de particulier avec cette question chez vous. Le problème, c'est le personnel politique français. L'absence totale de discussion, de débat public. J'espère que mon travail permettra une prise de conscience... »

Michèle Alliot-Marie, alors eurodéputée, a elle-même tenté de s'opposer au vote de ce rapport. « Refuser des exportations au nom d'une utopie pacifiste, c'est ouvrir la voie à d'autres qui n'auront pas les mêmes scrupules que nous », a-t-elle vivement justifié lors de la séance plénière. Je crois que c'est la véhémence de sa posture qui m'a le plus donné envie de rencontrer l'ancienne ministre de la Défense de Jacques Chirac. Lors d'un entretien à Paris en novembre 2017, elle m'explique : « J'en avais assez de l'hypocrisie. Au Parlement européen, certains se saisissent de sujets pour leur gloire personnelle, sans rien y connaître et en plus sans que le Parlement européen ait une compétence. Ce n'est pas lui qui décidera d'un embargo mais le Conseil des ministres. Je suis allée sur des théâtres d'opération. J'ai vu ce que c'était. La guerre n'est pas belle, c'est vrai. Mais dire que ce sont les industries qui la favorisent est complètement idiot. L'armement, cela sert au contraire à se défendre. Est-ce qu'il y a des crimes de guerre au Yémen ? Je ne sais pas. L'Arabie Saoudite est intervenue à la demande du gouvernement élu. Et on ne parle pas de l'Iran. Or il semble bien que les Houthis, l'autre partie à ce conflit, soient armés et soutenus par ce pays, qui exerce au sein du Parlement européen un très fort lobbying. Le Yémen est un pays super, avec une population adorable, et vraiment je suis extrêmement triste de voir ce qu'il s'y passe. Mais je n'accepte pas qu'on attaque mon pays alors qu'il est exemplaire. S'il y a eu des exportations d'armement vers l'Arabie Saoudite, la CIEEMG a dû estimer qu'elles étaient conformes à l'ensemble des règles internationales. Lorsque j'étais ministre, je n'ai jamais vu la CIEEMG déroger à ces critères[2]... »

À ce stade de notre échange, je me permets de lui rappeler que cela n'a pas toujours été le cas...

« Il y a eu des ratés, par exemple en Tunisie. Vous n'étiez pas ministre de la Défense mais ministre des Affaires étrangères, à ce moment-là...

Michèle Alliot-Marie : Qu'est-ce qu'il s'est passé, en Tunisie ?

– Une livraison d'armes a été bloquée...

2. Entretien avec l'auteure, novembre 2017.

MICHÈLE ALLIOT-MARIE : Non, mais pas du tout ! Je ne sais pas d'où est sorti ce fantasme. Je ne vois pas de quoi il s'agit… »

Étrange amnésie… En janvier 2011, au début du Printemps arabe, quelques heures avant la chute du régime de Ben Ali en Tunisie, alors que le pays était en ébullition, une livraison de grenades lacrymogènes et, entre autres, d'équipements de police a bien été retenue *in extremis* par les douanes françaises. À la suite de la polémique suscitée par ses propres déclarations[3], Michèle Alliot-Marie, alors ministre des Affaires étrangères, avait été contrainte à la démission. Ce sont des événements qu'il semble difficile d'oublier.

À la fin de l'interview, son assistant tente de lui rafraîchir la mémoire :

« Mais si ! Souviens-toi, Michèle. En réalité la validation de la CIEEMG datait du mois de septembre, donc avant que tu n'arrives au Quai d'Orsay, pour des livraisons qui devaient avoir lieu en février…

MICHÈLE ALLIOT-MARIE : Ça n'était pas du matériel de maintien de l'ordre. Enfin, sauf si une grenade lacrymogène est considérée comme de… »

Ma mine dubitative la fait acquiescer.

---

3. « Nous proposons que le savoir-faire de nos forces de sécurité, qui est reconnu dans le monde entier, permette de régler des situations sécuritaires de ce type. C'est la raison pour laquelle nous proposons effectivement aux deux pays [Algérie et Tunisie] de permettre, dans le cadre de nos coopérations, d'agir en ce sens pour que le droit de manifester puisse se faire en même temps que l'assurance de la sécurité. » 11 janvier 2011, Assemblée nationale.

« Oui, bon... De toute façon, c'est le Premier ministre qui est responsable... Il y a eu un emballement politico-médiatique. J'ai été mal comprise. Il y a des gens qui ont imaginé que je voulais envoyer des CRS en Tunisie alors que c'est totalement interdit par les statuts, par les lois, etc. C'était absolument impossible. Les gens ont beaucoup fantasmé là-dessus. Ça faisait des années que j'étais aux affaires : je n'étais pas prête à supporter une polémique de plus... Depuis, il y a eu tellement de choses infiniment plus graves. »

12

L'ÉGYPTE, NOTRE MEILLEUR CLIENT

« J'aime cette France qui gagne et qui a confiance en elle. »

Jean-Yves Le Drian

Si l'Arabie Saoudite n'est plus le premier destinataire de nos livraisons d'armes depuis 2015, c'est qu'un autre pays a pris sa place. Un pays choyé par François Hollande et Jean-Yves Le Drian. Un pays vers lequel nous avons exporté plus de 8 milliards d'euros de contrats en cinq ans : des corvettes, une frégate, des missiles, des porte-hélicoptères, et surtout les premiers Rafale, pierre angulaire de notre industrie.

Parallèlement à cette lune de miel avec notre industrie, ce même pays s'est enfoncé dans la répression. Et la France, patrie des droits de l'homme, a pudiquement détourné le regard.

Comment en est-on arrivé là avec l'Égypte ?

*

« J'avais dit à Le Drian : "C'est un dictateur mégalo. Et en plus, il n'a pas un flèche...", se souvient un membre éminent de l'"équipe France". Mais le ministre semblait sous le charme du maréchal Al-Sissi. Et au final, c'est lui qui a eu raison ! »

En 2013, alors que Abdel Fattah al-Sissi, fort du soutien d'une grande partie de la population, chasse dans le sang les Frères musulmans du pouvoir, l'Égypte n'est encore qu'au vingt-troisième rang des acheteurs d'armement de la France. Jusque-là, lui ont été fournis des avions de combat, le Mirage 5 de Dassault, et des hélicoptères Gazelle. Mais c'est à peu près tout. Le succès des vendeurs d'armes français avec le nouveau maître du Caire[1] n'a donc rien d'évident.

De son côté, Jean-Yves Le Drian ne possède pas encore cette aura de « super VRP » auprès des industriels et son pari d'équilibrer la LPM (loi de programmation militaire) grâce aux exportations d'armes, et notamment du Rafale, est loin d'être gagné. Les négociations de Dassault piétinent en Inde. Comme bien d'autres avant lui, le ministre de la Défense échoue pour le moment à vendre l'avion de chasse français...

1. Le maréchal est l'ancien chef du renseignement militaire de Hosni Moubarak. En 2012, le président Morsi l'a nommé ministre de la Défense.

Pourtant, une opportunité s'offre à la France avec l'installation du nouveau régime. Le 9 octobre 2013, Barack Obama ordonne le gel de toute coopération militaire avec l'Égypte à la suite des événements de l'été. L'administration américaine est notamment horrifiée par un massacre d'une ampleur inédite. Le 14 août, des centaines de personnes ont perdu la vie lors de la reprise par la force de la place Rabia-al-Adawiyya aux Frères musulmans, qui l'occupaient depuis la destitution de leur chef, Mohamed Morsi… La décision de la Maison-Blanche tarit brutalement la livraison de milliards de dollars d'équipement militaire que l'Amérique offre chaque année. Elle inquiète le maréchal Al-Sissi. L'Égypte cherche alors un autre fournisseur moins regardant sur le respect des droits de l'homme : la France… Notre pays.

Dès le printemps 2014, l'industrie française commence à profiter du retrait américain. En mai, Paris signe avec l'Égypte le contrat d'armement le plus important depuis les années 1980 : 970 millions d'euros pour quatre corvettes Gowind achetées au groupe naval DCNS[2]. Quelque chose est en train de se nouer. « À partir de l'été 2013, le maréchal a testé Paris et pu vérifier que nous étions d'accord pour vendre nos équipements, sans grandes restrictions, et ce malgré la situation du pays », déplore une source militaire basée à Paris, qui souhaite rester anonyme. Au cours de nos rendez-vous – plusieurs heures sur une durée de

2. Trois devront être assemblées sur place à Alexandrie. Elles seront plus tard équipées d'Exocet et des VL Mica de MBDA.

dix-huit mois –, cet informateur, que par commodité j'appellerai S. E., pour « Source Égypte », va considérablement m'éclairer sur ce dossier qu'il connaît parfaitement.

Jusqu'alors, le pays, avec son économie mal en point, n'avait pas les moyens de ses ambitions : « Mais la donne a changé quand les Émiratis et les Saoudiens ont proposé de financer ses achats », explique un ancien membre de l'“équipe France”. En effet, les Émirats arabes unis, farouchement hostiles aux Frères musulmans, injectent des milliards de dollars en Égypte depuis le renversement de l'ex-président islamiste Mohamed Morsi.

Se pourrait-il que le maréchal Al-Sissi soit le sauveur du Rafale ? En septembre 2014, pour la première fois, il évoque son acquisition auprès de Jean-Yves Le Drian, alors en visite au Caire. « Il lui a dit qu'il en voulait six pour la fin de l'année », se souvient cette source.

Le ministre de la Défense de François Hollande dépêche dans la foulée une équipe de négociateurs, membres de son cabinet et représentants d'industriels : « Le ministre m'a appelé pour me dire que l'Égypte s'intéressait aux Rafale », confirme Éric Trappier, le patron de Dassault Aviation[3]. « J'étais moi-même en Inde, en pleine négociation. C'était une information relativement nouvelle. Nos campagnes sont généralement préparées de longue date mais là, il fallait se rendre séance tenante en Égypte… C'était

3. Entretien avec l'auteure, janvier 2018.

très soudain, d'autant qu'à cette époque ce n'est pas facile en Égypte, d'un point de vue politique. Et surtout, ce n'était pas un pays réputé capable d'acheter des Rafale. »

Durant cette visite de Jean-Yves Le Drian au cours du mois de septembre, le président Al-Sissi fait également part de son vif intérêt pour les FREMM – des FRÉgates Multi-Missions, une classe de frégates furtives ultramodernes produite par Naval Group. Selon S. E., « la surprise des industriels français est telle qu'à Paris, on a d'abord pensé qu'il s'agissait à nouveau de corvettes ».

En novembre 2014, le maréchal Abdel Fattah al-Sissi effectue sa première visite d'État en Europe depuis sa prise de pouvoir un an auparavant. Lorsque le chef d'État égyptien arrive à Paris, après être passé par l'Italie, le Rafale est dans toutes les têtes. Jean-Yves Le Drian le reçoit pour un dîner d'honneur dans le somptueux hôtel particulier de la rue Saint-Dominique, « Brienne » pour les familiers, qui abrite ses bureaux.

« L'intendant avait fait un chemin de table d'un goût très étrange, se souvient l'un des participants au dîner, négociateur de l'"équipe France". Des figurines en papier représentant des armes décoraient le centre de la table… Il y avait des véhicules blindés, des missiles, des navires de guerre, des avions de chasse. À un moment, le maréchal a commencé à les pointer du doigt. Il a dit : "Je veux ça, et ça et ça et ça !"… C'était hallucinant. »

La soirée se poursuit et le ministre de la Défense convie son invité au premier étage où se trouve le bureau du général de Gaulle, restauré à l'identique. « Il se trouve que le maréchal Al-Sissi, comme beaucoup de militaires d'ailleurs, est fan du général, souligne un conseiller. Avec des paillettes dans les yeux, il a demandé s'il pouvait s'asseoir dans son fauteuil. “Mais oui, cher ami, allez-y, évidemment”, lui a répondu Jean-Yves Le Drian. Il a alors demandé à l'un de ses collaborateurs d'immortaliser la scène avec son smartphone. Mais les photos ne lui convenaient pas. Al-Sissi a fait des selfies avec le sien. Il était très content. Pour finir, il s'est levé et a dit tout sourire à Jean-Yves Le Drian : “Bon, maintenant, on va parler des Rafale.” Nous sommes sortis de ce dîner en nous disant : “Il est complètement fou, mais il va le faire...” »

Des droits de l'homme, il ne semble pas avoir été question. « Le ministre de la Défense est un homme pragmatique », justifie l'un de ses anciens conseillers. « Nous ne sommes pas là pour être juges de sa politique. » Le maréchal réitère donc sa demande : six avions de chasse avant l'été 2015. Mais les discussions achoppent encore sur le volet financier.

Quelques jours plus tard, en décembre 2014, une délégation égyptienne est envoyée à Paris. « Quinze généraux ont été dépêchés deux semaines avec ordre de conclure l'achat des Rafale, se souvient S. E. Fin décembre, la France accepte de garantir un prêt bancaire à l'Égypte à hauteur de 60 %. Bercy avait d'abord proposé 40 %, Hollande a poussé pour obtenir ces

60 %. » À l'époque, le ministre de l'Économie et des Finances n'est autre qu'Emmanuel Macron.

*

L'année 2015 s'annonce sous les meilleurs auspices. Jean-Yves Le Drian est en train de gagner une partie du pari de la loi de programmation militaire… Le lundi 16 février, il s'envole de l'aéroport de Villacoublay pour Le Caire en compagnie d'Éric Trappier, P-DG de Dassault Aviation, d'Hervé Guillou, P-DG de DCNS, et d'Antoine Bouvier, patron du missilier MBDA. Le contexte est particulièrement tendu. La chasse égyptienne vient de frapper Derna, un fief islamiste dans l'est de la Libye[4], en représailles à la diffusion, la veille, d'une vidéo montrant la décapitation de vingt et un Coptes égyptiens. Une mise en scène macabre, tournée sur une plage de ce pays où sévit alors Daech.

À 18 h 30, ce 16 février, se tient la cérémonie des signatures, réglée au millimètre. Pendant de longues minutes, Jean-Yves Le Drian et le ministre de la Défense égyptien paraphent côte à côte les contrats d'un montant de plus de 5 milliards d'euros. Des drapeaux des deux pays ont été disposés de part et d'autre des bureaux, encadrés de militaires en tenue d'apparat. Un peu en retrait de ce ballet solennel, devant une immense porte en marqueterie, le maréchal Al-Sissi, debout, en civil, savoure ce moment suspendu.

---

4. Selon Human Rights Watch, six civils, au moins, auraient été tués.

Puis les chaises raclent le sol de marbre et les deux ministres se lèvent. La poignée de main est vigoureuse. La salle applaudit. « C'est une nouvelle phase de notre relation. Et ça se traduit par des… capacités partagées », déclare Jean-Yves Le Drian, un peu hésitant face aux micros que lui tendent les journalistes français présents. « Pour ma part, ajoute-t-il plus fermement, j'aime cette France qui gagne et qui a confiance en elle. »

La malédiction du Rafale vient d'être levée. Le communiqué du gouvernement célèbre ce succès et met en avant, comme toujours, les « 165 000 salariés » du secteur. Éric Trappier se remémore la scène avec délectation. « Nous avions réuni les employés de Dassault dans le hall de Saint-Cloud pour leur annoncer la nouvelle. Une véritable clameur s'est élevée. On sentait une ferveur partagée par tout le personnel. Ils ont été, je dirais, submergés par la fierté. Et par un soulagement très important… »

Rien ne doit entacher cette lune de miel. Trois mois après la signature de ce prodigieux contrat, un article du *Figaro* – propriété de Dassault –, signé de la correspondante au Caire, Delphine Minoui, est retoqué par la rédaction en chef. Le sujet : la condamnation à mort par le régime d'un universitaire égyptien… À la société des journalistes du quotidien qui s'émeut d'un possible cas de censure, le directeur des rédactions, Alexis Brézet, rétorque : « Il faut arrêter de se monter le bourrichon. Le temps de reprendre le papier, on a raté une édition. […] On a un actionnaire puissant qui nous soutient. Il remporte des succès. Il faut en être fier. […] C'est une chance pour *Le Figaro*. On peut écrire sur tous les pays mais il faut être rigoureux. L'actionnaire dit : "Soyez prudent", et il a raison… »

*

Si le maréchal s'est montré si pressé de se faire livrer ses armes de guerre, c'est qu'il entend les faire parader à l'inauguration de « son » canal de Suez : l'ouverture d'une nouvelle voie de 35 kilomètres en parallèle de l'existante. Un projet pharaonique lancé un an plus tôt et auquel personne ne croyait.

Le 6 août 2015, le président égyptien prend donc la tête de cette fastueuse cérémonie avec, dans le sillage de son élégant yacht, la nouvelle frégate française. Les Rafale fraîchement livrés ouvrent le défilé aérien… Aux côtés du maréchal Al-Sissi, de nombreux chefs d'État, dont François Hollande, accompagné de Jean-Yves Le Drian. En pleine cérémonie, les deux hommes vont conclure un autre contrat pour la France. Ou plutôt un sauvetage.

Depuis des mois, deux navires de guerre, le *Vladivostok* et le *Sébastopol*, sont au cœur d'une intense bataille géostratégique. Ces deux porte-hélicoptères d'assaut amphibies, de près de 200 mètres de long, sont des « bâtiments de projection et de commandement » (des BPC) de classe Mistral.

Initialement, en 2011, ces navires ont été vendus à la Russie sous la présidence de Nicolas Sarkozy. Mais depuis, les rapports de force mondiaux ont considérablement évolué. En mars 2014, Moscou a annexé la Crimée au mépris des règles du droit international. Et le soutien grandissant de Vladimir Poutine à Bachar al-Assad met la diplomatie française en porte-à-faux : pendant combien de temps la France pourra-t-elle continuer à critiquer le rôle des Russes en Syrie et dans le même temps leur fournir des bâtiments de guerre ? D'autant que l'Union européenne a décidé d'un embargo sur les ventes d'armes à la Russie. « On aurait été dans notre droit car ces sanctions prévoyaient une sorte de clause d'antériorité, m'explique un conseiller qui a suivi de près ce dossier. Mais le président Hollande a jugé qu'il n'était pas possible politiquement, compte tenu des agissements de Vladimir Poutine, en particulier en Syrie, de livrer ces équipements. C'était une décision objectivement difficile à prendre. Il y avait un risque de se retrouver avec un contentieux lourd, des sommes extrêmement importantes engagées et sur les bras des bateaux dont on ne pouvait rien faire. » La marine française en possède déjà trois. Il n'est pas concevable de les garder. En novembre 2014, après des mois de discussion, François Hollande finit par trancher : la vente est suspendue *sine die*.

Que faire dès lors de ces deux navires qui risquent de coûter près de un milliard d'euros à la France ? L'Égypte, ce nouveau client si prometteur de la France, ne pourrait-elle tirer Paris de ce mauvais pas ?

L'inauguration du nouveau canal de Suez offre une opportunité inédite d'évoquer la question. « À un moment donné, il y a eu un aparté entre Al-Sissi,

François Hollande et Jean-Yves Le Drian, raconte un conseiller de l'"équipe France". C'était une discussion un peu informelle durant laquelle Jean-Yves Le Drian lui a dit: "Sur les BPC, on peut trouver un accord qui sera favorable à toutes les parties." Dix jours après, quasiment, on a trouvé un accord. On ne peut pas vraiment parler de service rendu à la France, mais c'est vrai qu'ils auraient pu choisir un autre type de bateau. » Une source proche des intermédiaires au Caire livre de cet épisode une version un peu différente : « La marine égyptienne n'en voulait pas. »

À quoi serviront donc ces navires ? Un financement de l'Arabie Saoudite est évoqué dans la presse et les diplomates soupçonnent un temps le royaume sunnite de se constituer une force de projection régionale à la fois en mer Rouge et en Méditerranée. En tout état de cause, est-il judicieux de vendre ces BPC dans une zone où le volume d'armement s'accroît de façon exponentielle ? Est-ce une bonne décision politique pour la France ? Selon S. E., mon informateur, personne alors ne semble se poser ces questions. Interpellé sur l'utilité de ces navires pour les Égyptiens, Luis Vassy, le jeune conseiller de Le Drian, aurait clos le débat d'un cinglant : « On s'en fout… »

Des BPC, des Rafale, des navires, des missiles pour les équiper, tous les industriels français de l'armement se pressent désormais au Caire. Les résultats sont fulgurants. À partir de 2015, l'Égypte devient notre premier client en matière de livraisons d'armes de guerre… Officiellement, la France apporte ainsi son soutien au « partenaire égyptien » dans sa « lutte contre le terrorisme ». « Tout le monde fait l'analyse qu'il faut à tout prix éviter que l'Égypte ne s'effondre. Mais le problème, ce sont les modalités de cette aide », déplore S. E.

La situation politique du plus grand des États arabes, 96 millions d'habitants, est en effet fragile. Le pays sort de près de quatre années de turbulences révolutionnaires. À l'ouest, le voisin libyen accélère sa décomposition. Un autre maréchal, Khalifa Haftar, déclenche, avec le soutien d'Al-Sissi – et celui (officieux) des services secrets français –, une campagne militaire contre les groupes islamistes pour reprendre le contrôle de la Cyrénaïque, partie nord-orientale de la Libye, frontalière de l'Égypte. À l'été 2014, le pays implose. Les armes parlent partout. Et en février 2015, l'État islamique s'empare de la ville de Syrte.

Le maréchal Al-Sissi doit affronter l'organisation terroriste jusque sur son propre territoire. Dans la péninsule du Sinaï, Wilayat Sinaï, un groupe armé, a prêté allégeance à Daech, en novembre 2014. Actif surtout dans le triangle formé par les villes d'El-Arich, Rafah et Cheikh-Zoueid, il étend ses tentacules hors de la région lors d'opérations parfois spectaculaires. En juin 2015, le procureur général d'Égypte est assassiné dans la capitale lors d'un attentat à la bombe. Le nord du Sinaï est soumis à un black-out médiatique. Il est quasiment impossible de vérifier les informations officielles, mais selon le Tahrir Institute for Middle East Policy, un think tank basé à Washington et plutôt critique du régime, plusieurs centaines de membres des forces de sécurité égyptiennes auraient été tués dans cette zone depuis juillet 2013 au cours de plus de 1700 attaques. Nombre de celles-ci ciblent les minorités religieuses, notamment chrétiennes.

C'est précisément cette lutte contre le terrorisme qui justifie la fourniture d'armes au nouvel allié égyptien : « Nous sommes avec l'Égypte dans un combat vigoureux, long et permanent », rappelle Jean-Yves Le Drian au mois d'août 2015. Pourtant, la course à l'armement du maréchal Al-Sissi qui fait les affaires de l'industrie française échoue à freiner l'offensive djihadiste au Sinaï. Cette dernière ne cesse même de gagner en intensité.

Le 24 novembre 2017, un attentat contre la mosquée d'un village à une quarantaine de kilomètres d'El-Arich provoque la mort de plus de 300 personnes, dont 27 enfants. Un carnage. « Il y a une hypocrisie incroyable dans notre position publique sur ce soi-disant "partenariat" avec l'Égypte, fulmine S. E. Notre seul intérêt stratégique est industriel. La lutte antiterroriste, c'est du vent… Sur les milliards d'euros de contrats français, quasiment rien ne sert réellement à combattre Daech. Avant l'opération *Sinaï 2018*, lancée en février 2018, près de 25000 soldats égyptiens étaient déployés dans la péninsule, soit seulement 5 % des effectifs de l'armée. La part de l'armement directement affectée à la lutte antiterroriste est assez réduite et il n'y a pas d'armes françaises achetées pour cela. »

*

Sur le reste de son territoire, l'Égypte ne paraît pas non plus se stabiliser. La lutte contre l'État islamique au Sinaï et la chasse aux Frères musulmans, qualifiés d'« organisation terroriste » justifient une reprise en main d'une infinie brutalité. Pour mettre au pas la société civile, Al-Sissi a choisi l'embastillement généralisé de l'opposition, qu'elle soit d'essence islamiste ou non.

Dès novembre 2013, une loi interdit toute manifestation antigouvernementale. Les arrestations se multiplient. La majorité des responsables de la confrérie frériste sont arrêtés. Des procès de masse procèdent, en quelques minutes, au jugement de centaines de personnes. Les peines de mort sont prononcées en série.

L'appareil sécuritaire déploie tout son arsenal pour reprendre la rue. Les opposants qui osent encore manifester sont réprimés dans le sang. Quelques jours avant la signature du contrat Rafale, le 24 janvier 2015, la poétesse et militante de la gauche laïque Shaimaa al-Sabbagh, 31 ans, mère d'un petit garçon, tombait sous les balles de la police alors qu'elle défilait pacifiquement. Touchée à l'abdomen et au visage, elle meurt dans les bras d'un de ses amis. Les images, déchirantes, font le tour du monde et suscitent l'indignation.

La France, elle, se fait discrète…

La restauration de l'état d'urgence en avril 2017 conforte les pouvoirs extraordinaires de la police et des forces armées. Les arrestations d'opposants dépassent largement le cercle des Frères musulmans.

Selon Amnesty International, entre 40 000 et 60 000 personnes seraient ainsi détenues. « Parmi les nombreuses victimes des services de sécurité et de renseignement, note un rapport de la FIDH[5], on compte le Français Éric Lang, assassiné le 13 septembre 2013 dans le commissariat de Qasr-al-Nil, dans le centre du Caire, et l'étudiant italien Giulio Regeni, arrêté et torturé à mort par les forces de sécurité en janvier 2016. »

Les prisons du régime engloutissent ainsi des centaines de personnes. Des hommes et des femmes dont les familles ne retrouvent plus la trace. Ces disparitions « forcées », niées par les autorités, terrifient chaque jour un peu plus les Égyptiens…

5. *Égypte : une répression made in France*, juillet 2018.

13

VOYAGE AU CAIRE

> « Si ça ne dérange pas l'État français d'être partenaire d'un régime qui commet de tels crimes, alors il n'y a rien à attendre de votre pays. »
>
> Mohamed LOTFY

LORSQUE J'ARRIVE AU CAIRE À L'AUTOMNE 2017, LES blindés sont retournés dans leurs casernes. Il n'y a plus ni tanks ni check-points. La violence d'État n'a plus besoin de s'exprimer dans la rue. Elle est dans toutes les têtes. En apparence, la capitale égyptienne semble inchangée. Impressionnante, puissante, sale et belle avec sa patine de sable.

Impossible de filmer en extérieur. Les interviews se font à l'abri des regards. Les moukhabarat, les services de renseignement, sont partout, et le caméraman qui m'accompagne et moi, nous ne possédons pas de permis de travail. Je sais qu'un visa presse me sera refusé. Cette simple demande m'attirerait une surveillance qu'il nous faut éviter à tout prix.

La Commission égyptienne pour les droits et les libertés (ECRF – Egyptian Commission for Rights and Freedoms) s'est installée dans un immeuble sans âme d'un quartier résidentiel du Caire. Pas de plaque extérieure. Rien sur la porte non plus. L'appartement transformé en bureau a déjà été visité plusieurs fois par les forces de sécurité. Mais, à l'époque de notre visite, il n'a encore jamais fermé. ONG et activistes des droits humains sont victimes d'un même harcèlement sécuritaire. Nombreux sont ceux dont les avoirs ont été également gelés. Menacés de mort ou d'emprisonnement, beaucoup ont cessé leurs activités ou fui l'Égypte. Le directeur de l'ECRF, Mohamed Lotfy, parle un français parfait mâtiné d'un léger accent genevois. Il n'échappe pas aux menaces par SMS, aux filatures et au placement sur écoute, mais sa double nationalité (il est aussi ressortissant suisse) le protège encore, pense-t-il, du pire.

Dans les couloirs, des rangées de dossiers. Ceux des disparus que l'ONG défend. Dans une ancienne chambre, des avocats travaillent autour d'un vieil ordinateur. Dans la cuisine, on rit, le temps d'un café. On s'efforce de repousser les images des prisons sordides, l'invraisemblable abîme que laissent les disparus derrière eux. Et si eux étaient les prochains ?

Mohamed Lotfy souhaite me faire rencontrer la famille d'Ibrahim Metwally. Quelques semaines auparavant, le 10 septembre 2017, cet avocat a été arrêté à l'aéroport du Caire alors qu'il se rendait à Genève, aux Nations unies, pour participer à une session du Groupe de travail sur les disparitions forcées ou involontaires. Son propre fils aîné, Amr Ibrahim, a été arrêté puis a disparu le 8 juillet 2013. Après avoir remué ciel et terre, l'avocat a fini par fonder l'Association égyptienne des familles de disparus, active dans tous les gouvernorats d'Égypte.

Son fils cadet et sa femme arrivent en retard et j'ai bien cru qu'ils ne viendraient pas. Le père d'un autre disparu avec lequel nous avions également rendez-vous nous a fait faux bond quelques heures plus tôt. Je mesure ce que signifie pour tous ces gens le fait de rencontrer une journaliste étrangère. Le courage dont il faut s'armer. « Voici une photo prise en avril 2016 devant l'ambassade de France au Caire juste avant la visite de votre président. » Abd El-Monem, le deuxième fils d'Ibrahim Metwally, a retrouvé dans la galerie photo de son téléphone portable cette image de son père : « Ce jour-là, il voulait demander à François Hollande de plaider la cause des disparus. Qu'au moins, ils bénéficient d'un procès équitable, que les familles puissent les voir et qu'ils se rassurent sur leur sort. La présence de journalistes français a empêché la police d'attaquer les manifestants. Mais mon père s'attendait à être arrêté à tout moment. » Selon Mohamed Lotfy, Ibrahim Metwally a été torturé à l'électricité. Ses conditions de détention semblent épouvantables. « Il est accusé d'avoir entretenu des relations avec une organisation étrangère, portant ainsi atteinte à la sécurité de l'État. C'est la première fois qu'un avocat des droits humains est accusé de vouloir communiquer avec l'ONU ! C'est un signal très inquiétant. » Son arrestation a donné lieu à une cascade de réactions, notamment de la part de responsables des Nations unies. La Grande-Bretagne, le Canada, l'Italie, les Pays-Bas et l'Allemagne l'ont condamnée en des termes vifs dans un communiqué commun. L'Égypte a qualifié l'initiative de ces cinq pays d'« ingérence inacceptable et flagrante » dans ses affaires internes. La France s'est bien gardée de s'y associer…

Sana Ahmed Darwish Shehta, la femme d'Ibrahim Metwally, a accepté de revenir pour moi sur les circonstances de la disparition de son fils à l'origine de sa descente aux enfers. Avec son mari, ils l'ont cherché dans toutes les stations de police, prisons, hôpitaux sans jamais retrouver sa trace. « La dernière fois que j'ai vu Amr, c'était à l'aube d'une journée de manifestation », explique-t-elle. Sa famille fait partie de ces partisans des Frères musulmans qui ont défié les militaires dans les rues du Caire tout au long de l'été 2013. « Ce jour-là, j'étais fatiguée, j'ai refusé de l'accompagner. Je lui ai dit : "Vas-y mon chéri." Une heure plus tard, la police attaquait la place où il se trouvait… » Sana Ahmed Darwish Shehta pleure en silence. Elle embrasse un portrait de son fils encadré de perles colorées qu'elle porte sur elle. « Amr était l'aîné. Il terminait sa formation d'ingénieur. J'étais si fière de lui. Cela fait quatre ans et trois mois qu'il a disparu. Il me manque terriblement… Ne pas savoir où il se trouve est insupportable. Qu'est-ce qu'il mange ? Qu'est-ce qu'il boit ? Est-il soigné quand il est malade ? Est-ce qu'ils le torturent ? »

Mohamed Lotfy raccompagne la mère et le fils à la porte de cet appartement-refuge. Nous poursuivons l'interview. Je note le soin extrême avec lequel il choisit chaque mot : « Au début, la plupart des personnes qui disparaissaient étaient liées au courant islamiste. Ce n'est plus le cas. Les nouveaux disparus sont des jeunes, mais aussi des universitaires, des fonctionnaires, des avocats… Cela sème la terreur dans la société. Fermer les yeux sur de telles violations augmente les risques de radicalisation. L'extrémisme naît du désenchantement. De l'idée que la démocratie et le changement pacifique sont désormais impossibles. Cela produit un terrain fertile pour recruter des terroristes qui séviront ici, en France, en Belgique ou ailleurs… C'est notre ennemi commun qu'il faut combattre avec un système judiciaire efficace et juste. Pas avec de gros bateaux militaires. »

Il semble que le gouvernement de François Hollande, au moins le ministère des Affaires étrangères, se soit préoccupé de cet embastillement de l'opposition. Des listes de prisonniers politiques sont remises aux autorités égyptiennes lors des visites d'État. « Il serait bon qu'ils soient libérés », font régulièrement savoir les autorités françaises. Selon mes informations, Ibrahim Metwally aurait bien figuré sur l'une de ces listes transmises par Emmanuel Macron au maréchal Al-Sissi fin octobre 2017 à

Paris… Mais ces demandes ont-elles un poids ? Sont-elles suivies d'effet ?

« Ces listes ne sont malheureusement pas prises au sérieux par le gouvernement égyptien, assure Mohamed Lotfy. Ces gens ne sont jamais libérés. En revanche, les contrats d'armement, eux, continuent. Si le gouvernement français veut réellement changer les choses, il doit mettre des conditions à ces livraisons d'armement. Mais Al-Sissi sait bien que pour son partenaire français, les ventes d'armes passent avant la libération de ces opposants. Les disparitions forcées pratiquées d'une manière systématique, à grande échelle, peuvent constituer un crime contre l'humanité. Si ça ne dérange pas l'État français d'être partenaire d'un régime qui commet de tels crimes, alors il n'y a rien à attendre de votre pays. »

*

À chacune de leurs visites, les représentants français ont pris soin de rencontrer des acteurs de la société civile égyptienne. Les discussions sont polies, aux limites de l'insipide. Ceux avec qui j'ai pu m'entretenir ne se font aucune illusion sur la volonté française et préfèrent se taire ou ne pas s'y rendre. Par lassitude. « On s'expose et on perd notre temps. » À quoi bon…

À une exception près.

Une femme a osé questionner publiquement l'envolée de nos exportations lors de sa rencontre avec le président François Hollande en avril 2016… Depuis, elle vit dans la peur. La menace d'une arrestation, d'une interdiction de voyager ou d'un gel de ses avoirs plane en permanence.

Gameela Ismail est une femme impressionnante, belle, sophistiquée. Brushing et maquillage parfaits. Dans son bureau-ruche où elle nous reçoit à la nuit tombée, au cœur d'un quartier chic du Caire, des jeunes s'activent autour d'elle pour faire vivre son site Internet. « Avec ma caméra, parfois juste mon téléphone, je vais où on m'appelle pour donner une voix à ceux que les médias du pouvoir n'écoutent pas. » Ancienne présentatrice de la télévision d'État, candidate aux législatives de novembre 2011, activiste des droits humains depuis, elle défie, avec ses trois millions de *followers* sur Twitter, le pouvoir du maréchal Al-Sissi. Mais le sujet des armes pose une limite. « Surtout, ne déformez pas mes propos. Ce serait trop grave pour moi. Je n'ai porté aucune accusation. Je n'ai pas parlé d'embargo. J'ai simplement demandé au président Hollande pourquoi ce qui unissait nos deux pays n'était plus que cette relation commerciale. Tout ça pour prendre ces milliards à notre peuple, à un moment où nous souffrons tant ! Les Égyptiens ont besoin de chaque dollar pour développer des écoles, des hôpitaux, des routes, et créer de l'emploi… » Plus de 25 millions d'Égyptiens, soit près d'un quart de la population, vivaient en 2016 en deçà du seuil de pauvreté, d'après l'agence nationale de statistique égyptienne. « La campagne contre moi a commencé au moment où je suis sortie de la pièce. Des articles dans la presse loyale au maréchal Al-Sissi et des plaintes déposées par des avocats pro-régime ont immédiatement déferlé», murmure-t-elle avant de nous conseiller: «Allez voir Hisham Kassem.»

*

Il est 23 heures. Nous appelons celui qui fut le patron du grand quotidien *Al-Masry Al-Youm*. Il accepte de nous recevoir immédiatement dans son appartement du centre-ville, à deux pas de la place Tahrir. Le taxi file dans les artères enfin libérées de ce flot incessant qui submerge la capitale. Hisham Kassem s'excuse d'emblée pour le désordre de son intérieur. Sa femme de ménage est malade et il n'autorise personne d'autre à toucher à ses affaires. Il dit ne pas craindre pour sa sécurité. Le manche d'une batte de baseball dépasse tout de même du meuble de l'entrée.

Ce journaliste suit de près les questions militaires. Un sujet extrêmement sensible dans ce pays où l'armée est une pieuvre présente dans tous les secteurs de l'économie – parc immobilier, exploitations agricoles, unités industrielles… – mais aussi une boîte noire. Impossible de savoir ce qui est réellement acheté aux entreprises de défense étrangères en dehors des communiqués officiels. Le budget militaire est en soi un secret d'État. Personne, pas même les parlementaires, ne pose de questions à ce sujet au gouvernement égyptien.

«Moubarak était plus raisonnable avec l'armement, il savait qu'il ne pouvait équiper à l'infini son armée sans alarmer les voisins, et particulièrement

Israël. Mais le maréchal Al-Sissi est un soldat dans l'âme. Son instinct, sa mentalité, son métier le poussent à faire grossir cette institution. Il n'y a aucun contre-pouvoir civil au sein de l'État pour lui dire "Stop !" En face, les pays vendeurs attendaient cela depuis des années : nous avons acheté vos Rafale mais nous avions déjà la première aviation d'Afrique ! Nous avons des tonnes de F16 américains : pourquoi plus ? Pour quoi faire ? » Selon le SIPRI, l'Égypte a été le troisième importateur au monde d'armement entre 2013 et 2017.

« Il faudrait que l'origine des fonds soit plus claire : qui paye pour quoi exactement ? L'Arabie Saoudite ? Les Émirats ? Qu'attendront-ils de nous en échange ? La corruption sous Moubarak a été plus que démontrée. Il est évident pour moi que des commissions continuent d'être payées mais ce sont des sujets qu'il vaut mieux éviter ces jours-ci. Vous savez, je ne regrette pas le départ des Frères musulmans, ils nous menaient à la catastrophe. Mais ce qui se passe aujourd'hui est extrêmement grave. »

*

En septembre 2013 et en janvier 2015, le Parlement européen a voté des résolutions demandant l'interdiction à l'échelle de l'Union européenne « d'exporter vers l'Égypte des technologies de surveillance, du matériel de sécurité ou d'aide militaire susceptibles de réprimer des manifestations pacifiques ».

Mais en France, personne n'a vraiment freiné cet appétit égyptien. « Les droits de l'homme ne sont pas entrés en ligne de compte, même au Quai d'Orsay. Tout a été balayé par l'impératif de vente », s'indigne S. E., ma source militaire à Paris.

Seules quelques voix au sein des états-majors français (de l'armée de l'air et de la marine) se sont élevées, notamment au sujet de la sophistication du matériel cédé à ce nouvel allié. L'armée aurait ainsi obtenu des restrictions techniques sur la configuration du Rafale. Mais surtout sur la frégate FREMM : « Elle s'est montrée réticente à équiper une marine étrangère quasi inconnue jusqu'alors avec le sonar CAPTAS-4 dont les performances sont unanimement reconnues. Elle a fait valoir que ces sonars pouvaient menacer notre dissuasion nucléaire puisqu'ils étaient capables de détecter nos propres sous-marins. Ces réticences ont été prises en compte dans la mesure où elles ne remettaient pas en cause la livraison de la FREMM pour l'été 2015. On a tourné quelques boutons pour restreindre leurs capacités. »

Depuis l'arrivée d'Emmanuel Macron à l'Élysée, en mai 2017, cet élan industriel se poursuit.

Les relations entre les deux pays se sont cependant envenimées…

Le nouveau président aurait-il décidé de se montrer plus ferme que François Hollande sur le respect des droits de l'homme ? Pas du tout. « Je crois à la souveraineté des États et donc de la même façon que je n'accepte qu'aucun autre dirigeant ne me donne des leçons sur la manière de gouverner mon pays, je n'en donne pas aux autres», a-t-il précisé pendant la visite en France du maréchal Al-Sissi en octobre 2017…

*

Le jour de ce rendez-vous avec mon informateur, Paris frissonne dans la brume, le froid fige la circulation et dans ce quartier anonyme qui est le cadre de nos rencontres, S. E. (Source Égypte) semble encore plus sombre que d'ordinaire. Depuis des mois, il m'alerte à propos d'une tension grandissante entre Paris et Le Caire. La nouvelle commande de douze avions Rafale est sans cesse repoussée. La lune de miel s'est bel et bien estompée. À la fin de l'année 2017, les échanges entre les dirigeants des deux pays (notamment lors des visites de Jean-Yves Le Drian à Charm-el-Cheikh et de Florence Parly au Caire) ne tournent plus autour que d'un seul point : les Scalp, des missiles de croisière qui figurent parmi les plus performants de l'armée française. Développés en 1994 par Matra, devenue MBDA[1], ils ont été vendus à l'Égypte en 2015 pour équiper les Rafale. Mais au moment de leur livraison, il apparaît, un peu tard, que ce missile n'est pas entièrement français. L'un des composants nécessaires à sa fabrication est américain et la vente ne peut se faire sans l'aval des États-Unis, en vertu de la réglementation ITAR (International Traffic in Arms Regulations). Or Washington refuse leur exportation vers l'Égypte.

1. La version britannique de ce missile se nomme Storm Shadow.

Au fil des mois, une solution finit par se dessiner. Le missilier MBDA développera lui-même ces pièces américaines. Désormais de fabrication purement française, les 45 Scalp pourront bien être livrés. Mais en 2020 seulement. « Les Égyptiens ne décolèrent pas, précise S. E., ils pensaient qu'en achetant français, ils seraient indépendants des États-Unis. Ils se rendent compte que ce n'est pas le cas. Pour apaiser leur fureur, MBDA a proposé de leur offrir plusieurs missiles. »

Si les Américains ont un temps gelé leurs livraisons d'armement au Caire, ils n'en ont pas perdu de vue leurs intérêts commerciaux ou renoncé à la guerre féroce qu'ils livrent aux industriels français, et notamment à Dassault. « Tout est encore très secret. Il ne faut pas alarmer les autres clients de la France », se lamente S. E.

En même temps, pèse une autre menace : de nombreux composants américains sont également présents dans les nacelles de reconnaissance, les pods Aeros et les pods Talios, des nacelles de désignation de cible – commandées par l'Égypte à Thales, toujours en vue d'équiper le Rafale : « Nous devons les leur livrer en 2019 mais, là encore, les Américains tiquent. Cela fait plus d'un an qu'ils ne répondent pas. Il faudrait trois à cinq ans, au bas mot, pour les fabriquer et cela coûterait une fortune ! Qui payerait pour ce développement ? Thales panique. Son P-DG, Patrice Caine, a écrit à Macron. Cette question a même été abordée entre Trump et Macron lors de la visite de celui-ci aux États-Unis en avril 2018[2]. »

« C'est un mythe, cette idée d'indépendance stratégique. Tout notre armement est bourré d'ITAR, y compris sur le Rafale, les missiles Meteor, l'Aster 30, poursuit S. E., furieux. Nous avons développé ces armes sans nous poser la question de l'alliance américaine. Qui est responsable de cette situation ? C'est très problématique pour l'industrie française, les Égyptiens ont été les premiers à acheter les Rafale. Pas pour l'avion lui-même, mais pour les missiles qui viennent avec. Or, s'il est en réalité impossible de les leur livrer, l'aventure va s'arrêter là. Nous allons vendre moins d'armes à ce pays. Non pas en raison de considérations morales ou géopolitiques, encore moins pour se conformer à nos traités, et certainement pas parce que l'opinion publique se serait réveillée. Non, nous allons moins vendre, parce que nous sommes mauvais. Tout simplement. Nous n'y arriverons pas[3]… »

*

La France a-t-elle cherché à obtenir des garanties quant à l'usage de ces milliards d'euros d'armes vendues à l'Égypte depuis 2013 ? « Nous avons reçu un certain nombre d'engagements qui permettaient

2. Dans le courant de l'année, les Américains finiront par donner leur aval à ces livraisons.

3. En septembre 2018, Florence Parly a annoncé un plan pour réduire la dépendance de la France aux composants américains.

de considérer que ces armes ne seraient pas utilisées à des fins de répression mais simplement pour la lutte contre le terrorisme, se souvient une source proche des négociations. De toute façon, les BPC et les Rafale ne posaient pas de problèmes moraux. On n'achète pas des avions de chasse pour faire de la répression contre sa propre population. Ça n'existe pas.

– Sauf quand on s'appelle Bachar al-Assad ?

– Il n'a pas acheté de Rafale, lui… »

Mon interlocuteur me fait comprendre que la CIEEMG veille à ce que la France n'expédie pas n'importe quoi vers l'Égypte. Rien qui puisse se retrouver en contact avec des civils. La Position commune européenne de 2008 et le TCA ratifié en 2014 nous interdisent, en effet, de vendre de l'armement que les États pourraient retourner contre leur peuple.

L'exportation de certains matériels a ainsi été proscrite. Des licences auraient, par exemple, été refusées à la société PGM Précision, une TPE de Haute-Savoie, fournisseur de fusils de précision destinés aux tireurs d'élite[4]. Pourquoi alors, si la France est aussi respectueuse de ses engagements internationaux qu'elle l'assure, des ONG ont-elles retrouvé les véhicules blindés français dans les rues du Caire lors de manifestations brutalement réprimées ? Notre pays a-t-il violé ses engagements internationaux ? La

4. Pas découragée, PGM Précision serait d'ailleurs retournée fin 2017 au Caire pour renouer le dialogue. Interrogé par e-mail, son patron ne souhaite pas faire de commentaires sur ce sujet « très sensible d'un point de vue diplomatique ». « Je vends là où la France me l'autorise », assure-t-il.

France livre-t-elle en conscience des armes servant à mater dans le sang l'opposition égyptienne ?

*

Octobre 2018

Aymeric Elluin, enquêteur de l'organisation Amnesty International, s'apprête à publier son dernier rapport, intitulé *Égypte : des armes françaises au cœur de la répression*, dont les conclusions vont créer une vive polémique. Selon lui, plus de 200 véhicules blindés légers – des véhicules MIDS et Sherpa notamment – ont été fournis par la France entre 2012 et 2015, « en dépit de l'utilisation abusive flagrante de ces véhicules durant la période de répression la plus sanglante de l'Égypte à l'été 2013 ». « Dès fin 2012, m'explique-t-il, des Sherpa Light déployés au Caire et des blindés de maintien de l'ordre MIDS portaient les insignes du ministère de l'Intérieur ainsi que la mention "Police" gravée sur les plaques d'immatriculation. Il ne peut pas y avoir de doutes sur leur usage répressif. »

Aymeric m'a montré certaines des vidéos qui étayent son rapport. Il a fallu de longs mois de travail pour parvenir à rassembler ces preuves. L'une d'elle date de janvier 2014, troisième anniversaire de la révolution égyptienne. Quelques mois viennent de s'écouler depuis l'arrivée au pouvoir du maréchal Al-Sissi. La reprise en main de la rue égyptienne est à son paroxysme.

Sur les images, un rassemblement assez compact de civils. Face à eux, des hommes à pied en uniforme noir, armés, cagoulés et nerveux. Un véhicule kaki est stationné à proximité. Soudain, depuis l'intérieur, des coups de feu sont tirés. Panique. La foule se disperse. Aymeric Elluin met sur pause. « Vous voyez, il s'agit d'un recours excessif à la force. C'est très net. Les manifestants ne présentaient pas un danger immédiat pour les policiers. Ce véhicule qui abrite le tireur est français. Il s'agit du MIDS, fabriqué à Limoges par Renault Trucks Defense (RTD). »

La société RTD est l'un des plus importants fournisseurs de véhicules blindés de l'armée française. Sa maison mère, l'équipementier suédois Volvo, très sensible à son image, l'a mise en vente au cours de l'automne 2017. Sans succès. Depuis, RTD a simplement changé de nom et s'appelle désormais Arquus.

« La France sait très bien que ces MIDS ainsi que les Sherpa Light sont utilisés en dehors des règles du droit international. Pourquoi continuer à les vendre ? poursuit Aymeric Elluin. Les autorités françaises en ont livré au moins jusqu'en 2014 et ont donné des licences d'exportation jusqu'en 2017, au mépris des obligations juridiques européennes et internationales. » Au lendemain de la publication du rapport d'Amnesty International, la ministre des Armées Florence Parly s'empresse de démentir devant le Sénat. « La France, affirme-t-elle, n'a fourni de l'armement qu'aux forces armées et donc au ministère de la Défense égyptien. »

Claire Landais, la secrétaire générale du SGDSN[5], qui préside la CIEEMG, a, quant à elle, affirmé aux députés de la commission des Affaires étrangères de l'Assemblée nationale : « Hormis un cas possible d'utilisation de blindés Sherpa dans le cadre du maintien de l'ordre, les 200 blindés légers acquis par l'armée égyptienne sont bien utilisés dans le Sinaï, et non dans le cadre d'opérations de maintien de l'ordre... » Emmanuel Macron, lors de son voyage en Égypte en janvier 2019, reprendra le même chiffre. « Un seul » véhicule sur les 200 vendus et « qui a donné lieu à une demande de clarification »...

Alors, que font donc ces véhicules de RTD/Arquus dans les rues du Caire ?

*

« La ministre des Armées et la SGDSN se moquent du monde. Non seulement nous leur avons vendu ces véhicules blindés en toute connaissance de cause, mais ce laxisme a même servi d'argument commercial à toute notre industrie... Ces Sherpa sont notre péché originel en Égypte ! » fulmine S. E.

Pour comprendre ce péché originel, il faut, selon lui, remonter à l'été 2013. Au massacre de la place Rabia-al-Adawiyya précisément. Au petit matin de ce 14 août, les forces de sécurité égyptiennes encerclent cette place du Caire occupée depuis six semaines par plusieurs milliers de partisans pro-Morsi. Sa destitution au mois de juillet a fait basculer la capitale dans

5. Secrétariat général de la défense et de la sécurité nationale.

le chaos et la violence. Chaque jour, des affrontements meurtriers opposent les forces de l'ordre aux partisans du président déchu. Ce matin-là, l'ordre du nouveau Premier ministre égyptien est très clair : reprendre la rue. Coûte que coûte.

L'intervention est un carnage. « Le plus grand massacre de l'histoire contemporaine de l'Égypte », selon Human Rights Watch. L'organisation de défense des droits de l'homme a comptabilisé plus de 800 morts. Le ministère de la Santé égyptien, un peu moins : 595 civils et 43 policiers. « Il ne s'agit pas seulement d'un recours excessif à la force ou d'un entraînement insuffisant des forces de sécurité mais d'une répression violente et planifiée au plus haut niveau du gouvernement égyptien », conclut le rapport de HRW.

Parmi les véhicules engagés sur la place : les Sherpa Light de Renault Trucks Defense.

Le jour même, le ministre français des Affaires étrangères, Laurent Fabius, demande « l'arrêt immédiat de la répression ».

S. E. me décrit la suite.

« Dans un excès de zèle, les Douanes françaises ont bloqué plusieurs livraisons, des machines-outils de l'entreprise Manurhin[6] mais surtout des pièces de rechange et des tourelles pour des Sherpa. C'est-à-dire les véhicules de Renault Trucks Defense qui

6. Cette entreprise, leader français dans le domaine des machines à produire des munitions, commerce depuis des décennies avec l'Égypte. Elle se trouve alors en grande difficulté financière. Elle a depuis été rachetée par l'industriel de défense des Émirats arabes unis, EDIC. Ma demande de tournage à l'été 2017 dans ses usines de Mulhouse a été refusée, elle n'a pas non plus souhaité répondre à mes questions pour ce livre.

viennent tout juste de servir à la répression place Rabia-al-Adawiyya. »

Une semaine après le massacre, le 21 août 2013, les vingt-huit États membres de l'Union européenne décident de « suspendre les licences d'exportation vers l'Égypte de tous les équipements qui pourraient être utilisés à des fins de répression interne et de réévaluer les licences d'exportation » en application de la Position commune adoptée en 2008.

Pourtant, côté français, les choses ne se déroulent pas ainsi.

Le lendemain, 22 août, une réunion se tient en urgence au cabinet du Premier ministre d'alors, Jean-Marc Ayrault. Elle est présidée par Laurent Pic, son conseiller diplomatique[7]. « Seul le blocage des tourelles a été confirmé. Pour les autres contrats, au lieu de tout arrêter, comme la décision de l'Union européenne le suggérait, et le bon sens, car franchement la situation était épouvantable, la France a préféré biaiser », raconte S. E.

L'exportation des pièces de rechange des véhicules Sherpa Light Station Wagon va pouvoir se poursuivre. Le SGDSN et les représentants des ministères concernés estiment qu'elles ne sont pas susceptibles de servir à des opérations de maintien de l'ordre en Égypte. « À cette date, pourtant, la France ne pouvait pas ignorer que des Sherpa étaient utilisés pour écraser la contestation. Les autorités en avaient

7. Interrogé, Jean-Marc Ayrault affirme n'avoir gardé aucun souvenir de cette réunion. Quant à Laurent Pic, il n'a pas répondu à mes questions formulées par e-mail.

parfaitement conscience», m'assure ma source. Pourquoi ont-elles ainsi choisi de fermer les yeux?

Pour S. E., «ce petit jeu nous a servi à mettre en avant que nous avions été un soutien de la première heure du régime, alors que les Européens s'étaient défilés. La France ne voulait pas se brouiller avec l'Égypte au moment où elle sentait qu'il y avait des signes d'un appétit pour des contrats d'armement. Nous avons été récompensés dès le printemps suivant par les contrats de Corvette…» Et un peu plus d'un an plus tard, la France vendra enfin ses avions Rafale…

Plus grave encore, selon S. E., dès le mois suivant, Paris accorde de nouvelles licences. 138 véhicules Sherpa[8] sont alors commandés à RTD en octobre: 43 millions d'euros entièrement réglés par les Émirats arabes unis. «Au début, en CIEEMG, le ministère de la Défense a dit non. Mais la décision a été prise plus haut, au moins au niveau du Premier ministre de l'époque, Jean-Marc Ayrault, plus probablement encore par l'Élysée et François Hollande. Nous savions pertinemment qu'ils allaient être utilisés dans la rue contre les manifestants.» Les Sherpa seront livrés d'abord en décembre 2013 *via* le port d'Alexandrie puis en janvier et février 2014.

Un deuxième contrat aggrave un peu plus encore le choix de la France. La société Renault Trucks Defense fait une nouvelle demande d'agrément préalable le 23 octobre 2013 pour 180 nouveaux Sherpa

8. 77 Sherpa Light Scout et 61 Sherpa Light Station Wagon.

et une centaine de tourelles. La fiche de présentation en CIEEMG détaille clairement le type et le volume de la commande, mais surtout l'un des destinataires du matériel : la police égyptienne. « Mohammed ben Zayed, le cheikh des Émirats arabes unis qui finance en partie le combat d'Al-Sissi contre les Frères musulmans, avait convoqué l'entreprise. Là encore, il y a eu des résistances de principe en CIEEMG mais c'est passé. » Une fois la licence accordée, toutefois, le contrat n'ira pas à son terme. Interrogée sur ce point précis, Arquus m'a indiqué qu'il arrivait « fréquemment qu'une licence soit demandée et accordée, mais que les négociations commerciales n'aboutissent finalement pas. La licence n'est alors pas "utilisée" ». Pas de commentaires en revanche sur le destinataire final (*« end user »*), et sur les Sherpa effectivement livrés à l'Égypte. La société invoque la « confidentialité des affaires ».

Selon ma source, « de toute façon, les *end users* sont un jeu de dupes. L'Égypte a intériorisé notre fonctionnement. Le ministère de la Défense achète pour le compte du ministère de l'Intérieur, à qui nous ne sommes plus supposés vendre. Ces deux ministères mutualisent en fait les achats. Il n'est donc plus possible de savoir véritablement à qui ils sont destinés. Et nous n'avons ni les moyens humains ni la volonté politique de contrôler *a posteriori* l'usage et la destination de ces armes. Aux industriels, nous conseillons donc de ne pas faire de demandes de licence pour la police égyptienne – qui ne passeront pas – mais de les transformer en demandes pour équiper l'armée… »

Quant aux véhicules MIDS, dont un est visible sur la vidéo tournée au Caire en 2014 et que m'a montrée Aymeric Elluin d'Amnesty International, ils ont fait l'objet d'une curieuse précision de la part de Claire Landais[9] : « Les MIDS ne sont pas considérés par la France comme du matériel de guerre et ne sont donc pas soumis à autorisation. Nous avons donc une moindre capacité de regard sur leur utilisation par la police. »

Un proche de l'industriel s'étrangle.

« C'est tout simplement faux. Le ministère des Armées français a son mot à dire sur ces exportations. Selon un protocole signé entre les deux pays en 1975, afin d'être exempté de garantie bancaire, il est nécessaire de joindre une "lettre de confirmation" émise par le ministère de la Défense. » La France n'a donc pas pu ignorer que ces ventes se poursuivaient. « À ma connaissance, termine-t-il, des MIDS ont été commandés tous les ans, en 2014, 2015, 2016. »

Là encore, la société Arquus, sans démentir ces informations, invoque la stricte « confidentialité des affaires »…

9. Audition du 18 juillet 2018 devant la commission des Affaires étrangères de l'Assemblée nationale.

14

LES ARMES DE SURVEILLANCE DE LA FRANCE

> « Ce ne sont pas des sujets “grand public” parce que je ne sais pas si ça intéresse vraiment le “grand public”…
> — Moi, je pense que ça l’intéresse vraiment, au contraire…
> — Ah bon ? »
>
> Échange avec le communicant d’un industriel.

Tous les militants des droits de l’homme que j’ai rencontrés en Égypte évoquent de nouvelles armes, en apparence moins létales et surtout beaucoup plus discrètes, utilisées contre eux.

Loin du centre du Caire, dans une banlieue sinistre, l’une des voix de la révolution de 2011 tente de ne pas s'éteindre. Celle d'Ahmed Maher, ingénieur, figure des manifestations anti-Moubarak de 2011 et cofondateur du Mouvement de la jeunesse du 6 avril[1], qui m'accueille au seuil de son modeste appartement. Un deux-pièces minuscule, encombré par un immense écran de télévision. Des photos d'enfants, des livres et un étrange jeu de Lego représentant son visage, cadeau de l'artiste chinois Ai Weiwei – lorsque Ahmed Maher était en détention.

Lui aussi est très critique envers la France. « Avant 2014, votre ambassade faisait encore pression sur le régime pour l'amener à respecter un minimum les droits de l'homme. Son personnel prenait de mes nouvelles, me soutenait. Tout cela est fini. Al-Sissi a réussi à corrompre la France grâce à ces contrats. Il a tout simplement acheté votre silence. »

Ahmed Maher a déjà passé trois ans en prison pour manifestation illégale. Relâché début 2017, il doit encore dormir toutes les nuits au poste de police de son quartier. À l'aube seulement, il peut rejoindre son enfant et sa femme dans leur appartement. Cette surveillance se double d'une campagne contre lui dans les médias liés au gouvernement, à l'aide de conversations enregistrées à son insu ces derniers mois, et qu'il me raconte d'une voix lasse.

« Au moment de la révolution, on avait mis la main sur les écoutes du régime de Moubarak. J'avais

1. Fer de lance de la révolution qui a conduit à la chute de Moubarak en 2011, il est interdit depuis 2014.

alors l'espoir que tout cela changerait. Que ces pratiques ignobles cesseraient. Mais avec Al-Sissi, c'est pire. Non seulement ils enregistrent nos communications privées mais en plus ils les diffusent remontées pour exciter l'animosité des gens ordinaires. Il y a quelques mois, une conversation téléphonique avec mon éditeur a été ainsi enregistrée et présentée à la télévision comme preuve d'un prétendu financement reçu de l'étranger pour semer le chaos en Égypte. Ils avaient complètement changé le sens de mes propos. Malheureusement, ça marche. J'ai été pris à partie dans la rue à plusieurs reprises, ainsi que ma famille. »

De nombreux activistes ou personnalités politiques ont ainsi été piégés par ces montages diffusés dans les shows télévisés du régime. Pour Mohamed Lotfy, « le pouvoir s'en sert pour nous faire passer pour des "agents de l'Occident", des traîtres, quoi… L'Égypte tient un double discours : à vous, elle dit que vous êtes son allié mais elle vous désigne comme l'ennemi à sa population ».

*

Des activistes égyptiens comme Mohamed Lotfy ont subi plusieurs vagues d'attaques électroniques : sites et comptes e-mail hackés, campagnes de *phishing*[2].

2. Le *phishing* ou hameçonnage est un type d'usurpation d'identité en ligne. Il utilise un courrier électronique et des sites internet frauduleux conçus pour voler des informations ou des données personnelles telles que les numéros de cartes de crédit, des données de compte ou d'autres informations…

De quoi frapper les esprits. « Ces campagnes n'arrêtent pas les terroristes. En revanche, elles nous rendent la vie impossible. L'État cherche à connaître nos interlocuteurs, nos habitudes. On ne peut plus parler au téléphone librement, il faut utiliser d'autres moyens de communication. Et tout le monde n'a pas les moyens d'avoir un VPN performant[3] », déplore Mohamed Lotfy. Seuls ceux qui en possèdent peuvent espérer échapper à la surveillance mise en place sur les réseaux et avoir accès aux sites bloqués par les autorités. En 2018, plusieurs centaines de sites Internet étaient inaccessibles en Égypte, y compris ceux d'organisations nationales et internationales de défense des droits humains.

Par-delà les livraisons de matériel de guerre classique, se pose la question désormais universelle de la cybersurveillance, de la traque des opposants sur Internet. La France y participe-t-elle en Égypte ? Vend-elle ces technologies au maréchal Al-Sissi ? À plusieurs reprises, l'Union européenne a recommandé de ne pas fournir d'équipements de surveillance à ce pays « si des éléments attestent qu'ils seront utilisés pour commettre des violations des droits de l'homme ». Se pourrait-il que notre pays soit passé outre ?

*

3. Pour Virtual Private Network : réseau virtuel privé qui permet de se connecter, de manière cryptée, au réseau d'un autre pays.

Novembre 2017

Au nord de Paris, au Milipol, le salon de l'armement dédié à la « sécurité intérieure des États ». Comme au Bourget ou à Eurosatory, les délégations officielles étrangères s'y pressent et soixante-dix-sept pays ont été annoncés pour cette vingtième édition.

Au milieu des stands, majoritairement français, on trouve le fournisseur de fusils de précision PGM, qui équipe de nombreuses unités d'élite tous corps confondus. Mais aussi Arquus (qui s'appelle encore RTD), exposant ses Sherpa dans leur version « forces de police ». Le salon fait également la part belle aux nouveaux outils de surveillance : casques connectés, technologies de reconnaissance faciale… Sur d'immenses écrans, des mises en image laissent entrevoir la société rêvée par ces industriels. *Big Brother. Oh Big Brother.* La « lutte contre le terrorisme » est un argument marketing puissant pour convaincre les États dépassés par les nouvelles formes de guérilla urbaine ou ceux qui, plus prosaïquement, cherchent à rassurer leurs opinions publiques.

Parmi les exposants, au moins deux sociétés ont vendu à l'Égypte de l'équipement de surveillance des télécommunications : des logiciels non inclus dans la classification des armes de guerre et qui ne passent pas par la procédure CIEEMG. Jusqu'en 2012, leur exportation n'était même pas soumise à l'approbation de l'appareil d'État.

Parmi ces industriels, Nexa Technologies dispose d'un stand d'envergure. Et de bons agents de sécurité chargés d'éloigner les journalistes. « Le matériel exposé est classifié... », marmonnent-ils sans nous convaincre. Cette entreprise a de bonnes raisons de vouloir se soustraire à la curiosité des médias. Elle a été créée par d'anciens salariés d'une société (Amesys) impliquée dans un scandale de cybersurveillance. Lors de la chute de Tripoli en août 2011, un journaliste du *Wall Street Journal* avait pu s'introduire dans l'un des QG du renseignement du leader libyen, Mouammar Kadhafi. Il y avait retrouvé le logo de cette entreprise. À proximité, de la documentation estampillée de la même origine pour un logiciel suspecté d'avoir servi à traquer et à arrêter des opposants pour les torturer. L'émoi fut colossal. Une instruction démarrait quelques mois plus tard. La vente de ce logiciel remonte à 2008 alors qu'était levé l'embargo contre la Libye et rétablies les relations diplomatiques, et que les entreprises françaises de l'armement commerçaient de nouveau avec Kadhafi, au nom de la nécessaire « lutte contre le terrorisme ». En mai 2017, Amesys a été placée sous le statut de témoin assisté pour des chefs de complicité d'actes de torture commis en Libye... Sans pour autant perturber ses activités commerciales. Stéphane Salies, son ancien directeur commercial, a racheté au groupe Bull l'ensemble des actifs de l'entreprise. En 2012, Nexa Technologies a vu le jour en France, et parallèlement à Dubaï (Émirats arabes unis) sous le nom d'Advanced Middle East Systems.

Au salon Milipol, les stands de ces deux sociétés ne désemplissent pas et personne ne s'offusque qu'elles fassent commerce, à leur tour, avec l'Égypte d'Al-Sissi. C'est le journal *Télérama* qui a dévoilé quelques mois plus tôt cette information sous la plume du reporter Olivier Tesquet. Le contrat, signé en 2014, moins d'un an après l'arrivée du maréchal au pouvoir, a pour objet une nouvelle version du même logiciel de surveillance des télécommunications que celui fourni à la Libye. Même logiciel, mêmes finalités : intercepter les communications de manière massive, à l'échelle d'un État. « [La France] avait promis plus de transparence et de garanties après l'affaire libyenne, ce nouveau dossier agit comme un cruel révélateur des carences du contrôle », écrit le journaliste.

Depuis l'affaire libyenne, il est pourtant désormais obligatoire d'obtenir l'aval d'une commission interministérielle qui, sur le modèle de la CIEEMG, statue sur ce type d'exportations. Olivier Tesquet a eu entre les mains la demande de licence d'exportation datée du 8 juillet 2014 et adressée au service des Biens à double usage (SBDU). « Ce logiciel, comme en Libye, permet d'identifier un opposant et ses réseaux, cartographier leurs liens, la fréquence de leurs échanges… La société insiste toujours dans ses brochures sur l'aspect légal de ces interceptions. Effectivement mener des interceptions administratives et judiciaires est une des prérogatives d'un gouvernement. Mais qu'est-ce qu'"investigations légales" ou "interceptions légales" signifient dans un régime autoritaire, voire totalitaire comme l'Égypte ou la Libye ? »

Or, curieusement, au lieu de donner son feu vert ou de bloquer le contrat, le SBDU, qui dépend des services du ministère des Finances, a refusé de se prononcer sur la demande de Nexa en octobre 2014. « C'est incroyable. Il y a écrit noir sur blanc : "Non soumis", explique Olivier Tesquet. L'État français connaissait ces logiciels. L'antécédent libyen démontre qu'ils sont utilisés précisément pour traquer le dissentiment politique. Quand la situation se représente avec la même entreprise trois ans plus tard, alors que la législation a changé, la France estime qu'elle peut détourner le regard. Et le secret-défense permet, là encore, de ne pas avoir à se justifier. »

*

Sollicité à plusieurs reprises, le patron de Nexa a refusé de me répondre. Mais un salarié a accepté de le faire sous couvert d'anonymat. « Nos patrons ont voulu faire les choses en règle pour éviter de revivre le scénario libyen qui a traumatisé tout le monde au sein de l'entreprise [plusieurs employés ont été placés en garde à vue]. À l'époque, on avait eu le feu vert des services français, mais comme il n'y avait pas de législation claire, lorsque l'affaire est sortie dans les médias, lorsqu'il y a eu la plainte et l'enquête judiciaire, ils nous ont complètement lâchés. Pas vus. Pas pris. Cela nous a semblé extrêmement injuste. Nous pensions travailler pour la France ! L'État ne se serait jamais permis ça avec Thales, mais avec la petite PME, ça n'était pas grave… Donc, quand les Émirats arabes unis – qui ont financé ce contrat – nous ont approchés, nous avons voulu prendre toutes les garanties. Laisser des traces. Les patrons sont allés voir les autorités compétentes, en l'occurrence le Secrétariat général de la défense et de la sécurité nationale, pour comprendre ce que signifiait ce "non soumis". Les autorités ont répondu qu'on pouvait y aller. Qu'elles ne s'y opposaient pas. En même temps, elles ont dit : "C'est 'non soumis', vous n'êtes pas obligés de le faire." C'est complètement hypocrite ! D'autant que nous savons qu'une autre entreprise du secteur, Ercom, a vendu un système d'interception massive pour écouter tout le monde dans le pays. Et eux ont eu l'autorisation en bonne et due forme... Je vous rappelle qu'à la même époque, la France vendait à Al-Sissi ses Rafale. Et tout le monde s'en félicitait ! Notre technologie est censée participer à la lutte contre le terrorisme. À l'origine, elle a été conçue pour la DGSE, la DGSI et des services de renseignement en Europe. Est-ce qu'on laisse les Coptes se faire massacrer en Égypte dans ces attentats sans aider le pouvoir en place ? Nous, on a le sentiment de sauver des gens. »

La « lutte contre le terrorisme », prétexte absolu et absolue nécessité. Censée clore toute discussion et absoudre toute lâcheté.

« Ça peut être mal utilisé, oui. C'est toute l'ambiguïté... Même si le maréchal Al-Sissi n'est pas parfait, au moins il a été élu démocratiquement. À titre personnel, j'ai commencé à m'inquiéter lorsque les vagues d'arrestations de Frères musulmans ont débuté. Apparemment, malheureusement, c'est en train de dégénérer. Mais on ne peut plus arrêter le contrat. Sur les 10 millions d'euros, entre 5 et 7 millions ont déjà été engagés. Si on n'est pas payés, on est morts. »

Ercom, la deuxième société présente en Égypte, est une pépite française avec 46 millions d'euros de chiffre d'affaires et 180 salariés[4]. Créée en 1986, l'entreprise spécialisée dans la sécurisation des terminaux est basée à Vélizy-Villacoublay, en banlieue ouest de Paris, à proximité de la base du COS, qui rassemble l'ensemble des forces spéciales de l'armée. Parmi ses produits les plus en vue : Cryptobox, un système de stockage chiffré qui protège les données des entreprises, mais surtout Cryptosmart, une « enclave sécurisée » pour téléphones sensibles comme, par exemple, celui d'Emmanuel Macron.

Lors du Milipol de novembre 2017, l'un de ses représentants assure sa promotion. Mais il se montre moins disert à propos des logiciels d'interception. Fournisseur historique des services secrets français, Ercom a vendu ses technologies de surveillance à l'Égypte du maréchal Al-Sissi *via* sa filiale Suneris. Les deux entités dépendent de la même holding et avaient jusqu'en juillet 2017 le même directeur, Yannick Dupuch. Mais devant le stand, l'employé d'Ercom tente de se défausser. « Ce sont deux activités fondamentalement différentes… Avec des clients différents. Il y a un problème d'image, aussi, oui… » L'entretien tourne court. Et la réponse à mes sollicitations par e-mail ferme la porte à toute discussion. « Chaque contrat est soumis à une autorisation

4. Elle a été rachetée début 2019 par Thales.

gouvernementale d'exportation de la Commission interministérielle des biens à double usage (CIBDU). L'ensemble de nos contrats est soumis à une confidentialité absolue, raison pour laquelle nous ne commenterons pas plus avant.»

Au début de février 2019, à la suite du rachat de cette société par Thales, son service de communication m'a fait une réponse tout à fait similaire. «Pour des raisons de confidentialité, vous comprendrez que nous ne communiquons pas de détails sur les clients ou les contrats. L'ensemble des solutions vendues par Ercom est contraint par la réglementation de la Commission interministérielle des biens à usage double, présidée par le ministère de l'Europe et des Affaires étrangères. Pour toute solution vendue à l'étranger, la société doit préalablement demander une autorisation d'export pour chaque type de client et chaque pays [...].»

À force de lire toujours les mêmes arguments dans le même type de réponse, je pourrais les écrire moi-même...

*

Le hasard veut qu'au cours d'un dîner, je rencontre quelqu'un qui a travaillé un temps avec cette société. Au nom d'Ercom, cette personne se fige.

«C'est radioactif...

— De quoi parlez-vous ? Du matériel d'interception vendu à l'Égypte ?

— Il s'agit de lutter contre le terrorisme. C'est notre intérêt aussi. Vous voulez qu'il y ait d'autres attentats ?»

La situation des droits de l'homme en Égypte ? Le détournement de ces armes contre l'opposition démocratique ?

« L'essentiel n'est pas là... »

Mon contact se rétracte et n'en dira pas plus. Hors de question que je cite son nom.

« Je ne veux pas de problèmes... Appelez Charles Millon. C'est lui qui est à la manœuvre pour les exportations. Il a gardé un réseau ahurissant. »

Charles Millon, l'un des anciens ministres de la Défense du président Chirac (1995-1997). Je le rencontre un matin de froid polaire, dans des bureaux sans âme du 9e arrondissement de Paris. L'homme partage désormais sa vie entre la politique et le conseil aux entreprises, dont Ercom. Il assume tout à fait l'usage de son expertise forgée lors de son passage au gouvernement.

« Compte tenu des compétences que j'ai acquises préalablement, je les accompagne pour étudier la possibilité de mettre en œuvre tout leur savoir, toute leur technique dans des pays amis. Il y en a dans lesquels on n'a pas pu aller travailler parce que l'autorité publique considérait que ces pays n'étaient pas sûrs. La plupart du temps, on interroge au préalable les responsables politiques et ils vous disent : "Non, ce pays, non."

– Donc Ercom a pu vendre à l'Égypte du matériel d'interception parce que nous sommes alliés ?

– Non mais là, ce n'est pas à moi de répondre. Interrogez Ercom.

– Ils ne me répondent pas beaucoup, en fait.

– Et je ne me permettrais pas de le faire à leur place… »

*

Olivier Tesquet, le journaliste de *Télérama*, a lui aussi sollicité ces mêmes interlocuteurs. Sans plus de succès. Ni Ercom ni Charles Millon n'ont accepté d'entretien. Pas plus les ministères compétents que la BPI – le fonds souverain présidé par la Caisse des dépôts, qui, en juin 2011, avait selon lui débloqué 18 millions d'euros pour soutenir le développement d'Ercom… Mais par-delà ce mur du silence, il a obtenu mieux. La parole, forcément anonyme, d'un ancien employé d'Ercom qui dévoile le fonctionnement interne de l'entreprise. « Une quarantaine de personnes, toutes habilitées secret-défense, travaillent sur des systèmes de surveillance de masse écoulés à l'étranger : en Côte d'Ivoire, au Mali, au Gabon, à Bahreïn, en Arabie Saoudite. Mais en interne, tout est cloisonné […] Officiellement, on ne vend rien à des pays "discutables". Quand je suis arrivé, personne ne m'a expliqué qu'on travaillait sur des systèmes d'interception à l'échelle d'un pays. On nous disait juste qu'on construisait un outil permettant d'exploiter une base de données pour le compte de l'État français. On ignorait même l'identité des clients et leur nombre. Les pays ne sont jamais mentionnés. Mais quand vous voyez des commerciaux revenir de voyage avec des pâtisseries libanaises… »

Parmi ces pays, l'Égypte. Là encore, les Émirats arabes unis seraient les financiers de l'investissement.

Comme l'explique Olivier Tesquet dans son article, « des sondes – Vortex – sont déployées au niveau de nœuds régionaux, comme des bretelles sur un terminal téléphonique ; une interface centrale – Cortex – permet de stocker les données collectées et d'y effectuer des recherches. “Le système de base permet d'intercepter tous les appels et les SMS”, lui précise une source interne [...] [Il est déployé] dans le quartier de Nasr City, à 10 kilomètres de l'aéroport [le quartier général des renseignements militaires sur la base militaire de Medinat Nasr, là même où est installée Nexa] ». Olivier Tesquet conclut son article de mars 2018 ainsi : « L'exportation de technologies de surveillance françaises n'est pas un bug, c'est [...] le reflet d'une volonté politique, d'une politique industrielle. »

*

Ercom ? Dans l'entourage de Jean-Marc Ayrault et de François Hollande, personne ne se souvient de cette entreprise... « Au Caire, ce contrat n'est pas suivi par les services du ministère de la Défense classiques puisqu'il n'est pas passé par la CIEEMG », m'explique un haut fonctionnaire du Quai d'Orsay. « Nous avons appris de façon fortuite leur présence. Ce sont les agents de la DGSE en poste en Égypte qui les traitent en direct. Ils en semblent satisfaits. Ils donnent des noms [de terroristes potentiels] de temps en temps aux services égyptiens. Ça les aide. » Et tant pis pour les opposants.

La vente d'une arme électronique, la plus sensible qui soit, une arme qui place la France en infraction potentielle avec le Traité sur le commerce des armes et la Position commune européenne n'aurait donc inquiété personne au sein de l'appareil d'État ?

Quelqu'un se souvient pourtant des noms d'Ercom et de Nexa. Gwendal Rouillard, ex-assistant parlementaire de Jean-Yves Le Drian, devenu député de Lorient.

« Que ces sociétés vendent du matériel d'écoute à un pays comme l'Égypte ne pose aucun problème. L'objectif est la lutte antiterroriste. On sait précisément pour quel usage et jusqu'où nos partenaires peuvent aller. Leurs capacités sont limitées et compatibles avec les intérêts de la France… »

Des capacités permettant potentiellement de surveiller l'opposition démocratique, d'utiliser contre elle des conversations et de procéder à des rafles…

« Tout ça doit être compatible. Cela ne nous empêche pas de rappeler les principes de respect des droits de l'homme au maréchal Al-Sissi. Mais c'est un État souverain. »

Que pense le député Rouillard des critiques du Parlement européen et de ses demandes répétées de cesser de fournir ce type de matériel à l'Égypte ?

« La France a une stratégie diplomatique, elle assume ses partenariats. Les Américains, les Russes, les Chinois, les Turcs vendent des armes. Je persiste et je signe, je préfère que ce soit la France qui le fasse avec son système de contrôle et les valeurs qui sont les nôtres… »

*

Le service des Biens à double usage chargé de contrôler ces armes dépend de la direction générale des Entreprises du ministère des Finances. De toutes les réponses négatives que j'ai reçues de l'appareil d'État, la leur est sans nul doute la plus élégante : « La politesse m'incline naturellement à accuser réception de votre démarche et y répondre. Je suis cependant contraint… »

Un haut fonctionnaire qui a traité ces dossiers, des milliers chaque année, s'est montré encore plus poli – malgré le secret qui couvre, comme pour la CIEEMG, l'ensemble de ces délibérations interministérielles :

« C'est l'un des domaines sur lesquels l'État prononce le plus de refus. Les sociétés s'en plaignent. Ce sont des technologies qui évoluent vite, il y a un gros marché à l'export, les Français se font tailler des croupières par les Indiens, les Israéliens et les Chinois, qui eux, ne contrôlent rien du tout… Pour autant, les listes du règlement européen ont toujours un temps de retard par rapport aux technologies et l'État reste trop vulnérable face aux risques de contentieux. Il est possible que la France se soit plantée sur certains dossiers. Et qu'on nous reproche, un jour, certaines décisions. Mais encore une fois, si vous considérez les dizaines de dossiers et le nombre de refus, je trouve qu'on n'est pas si mauvais… »

Cependant, lorsque je tente d'évoquer les cas d'Ercom et de Nexa en Égypte, la réponse fuse : « Pour l'Égypte… je ne ferai pas de commentaires… »

*

En novembre 2017, la Fédération internationale des droits de l'homme (FIDH), qui poursuit Amesys dans l'affaire libyenne, a porté plainte contre Nexa. « Il y a une information judiciaire ouverte depuis 2012, et nous découvrons les mêmes acteurs en train de fournir deux ans plus tard ce même type de matériel. C'est la preuve qu'il existe dans ce domaine une culture incroyable de l'impunité, se désole son avocate, Clémence Bectarte. Sous prétexte que ces sociétés ont le feu vert des autorités, elles ne peuvent pas tout vendre à un régime dictatorial – et contribuer ainsi potentiellement à des violations des droits de l'homme – sans jamais être tenues pour responsables, en disant : "C'est du commerce – *business as usual.*" » Une information judiciaire a été ouverte dans la foulée. Mais un an plus tard, la procédure semble dans les limbes. « Sur place, les révélations sur Nexa et Ercom n'ont eu aucun impact », me précise une source du ministère des Affaires étrangères. « Une ou deux personnalités d'opposition ont adressé un courrier à l'ambassade pour protester. Pour la forme. Personne ne se fait d'illusion sur les intentions de la France et ses intérêts commerciaux… »

L'Égypte et la France seraient d'ailleurs prêtes à commercer bien plus avant dans ces domaines. Une source au Quai d'Orsay m'affirme que le maréchal Al-Sissi, lors de sa visite à Paris en octobre 2017, a demandé des technologies similaires. « Aucun problème », lui aurait-on répondu au ministère de l'Intérieur chargé de ce type de question[5].

S. E., ma source militaire, me le confirme : « Ces armes sont l'avenir. C'est ce que les Égyptiens nous demandent désormais. Leur rêve, c'est un drone qui pourrait dans une chaîne très courte écouter, détecter et tirer... »

En mars 2018, le maréchal Al-Sissi a été réélu avec plus de 97 % des suffrages. Face à lui, un unique adversaire, Moussa Mostafa Moussa, partisan autoproclamé du chef de l'État. Tous les opposants sérieux avaient au préalable été exclus ou avaient renoncé. Dans la foulée, l'Égypte s'est dotée d'une loi autorisant une surveillance étroite des réseaux sociaux. Les internautes consultant des pages interdites encourront amendes et peines de prison. Toute personne ayant plus de 5 000 abonnés en ligne – sur un site personnel, un blog ou les réseaux sociaux – pourra être surveillée par les autorités.

Au Caire, les arrestations se poursuivent. Les accusations, « relais de fausses informations » ou « appartenance à un mouvement terroriste », se basent de plus en plus souvent sur les opinions exprimées *via* les réseaux sociaux. Parmi la rafle du printemps 2018, des journalistes, des médecins, un humoriste, des avocats mais aussi Amal Fathy, qui avait dénoncé dans une vidéo un harcèlement sexuel

5. J'ai cherché à confirmer cette information. Mon e-mail du 13 décembre 2017 est resté sans réponse.

dont elle venait d'être victime. Cette activiste des droits humains est la femme de Mohamed Lotfy, le directeur de l'ECRF (Commission égyptienne pour les droits et les libertés) que j'avais rencontré au Caire. Arrêté en pleine nuit en sa compagnie, il a été libéré ainsi que leur fils de 3 ans au bout de quelques heures[6].

Au fil des mois, l'étau se resserre sur la société civile égyptienne.

Avec la complicité de la France.

6. En décembre 2018, Amal Fathy a finalement été remise en liberté. Sa condamnation à deux ans de prison a cependant été confirmée. Dans l'attente d'un recours devant la Cour de cassation, elle peut être de nouveau arrêtée à tout moment.

15

LA JUSTICE ET LES VENTES D'ARMES

« À chaque fois, le travail du juge se heurte au secret-défense. Il n'a pas accès aux informations qui lui sont nécessaires. »

Renaud Van Ruymbeke

Que peut la justice française ? S'emparera-t-elle, à l'instar de ses voisines, de ces questions-là ? Le TCA – le Traité sur le commerce des armes – peut-il être invoqué dans les plaintes que déposeraient les ONG ? Servira-t-il à poursuivre des membres du gouvernement ? L'État ?

Hélène Legeay, ancienne enquêtrice de l'Action des chrétiens pour l'abolition de la torture (ACAT), estime que son applicabilité demeure problématique.

« Ce traité crée des obligations pour les États, mais pas de droits pour les individus… Les critères n'ont pas été repris par le Code de la défense. En clair, l'État signe des traités, mais les citoyens ne peuvent pas les faire respecter. Il y a beaucoup à faire pour créer une jurisprudence… »

« En France, les poursuites seront beaucoup plus difficiles que dans d'autres pays européens, confirme un membre de la CIEEMG. Une ONG française ne peut pas directement attaquer l'État sur une décision d'exportation. Il faudrait qu'elle ait un intérêt à agir. Qu'elle représente par exemple, dans un cas de figure totalement fictif, une victime d'un armement exporté par la France quelque part dans le monde. »

Ces victimes existent pourtant. Elles s'appellent Afnan, Wassim et Jihad. Et sont mortes à Gaza en 2014 à l'âge de 8, 9 et 10 ans. La plainte rédigée par l'avocat de leur famille glace le sang. « Au moment de l'attaque, Afnan (8 ans) et Udai (15 ans) nourrissaient leurs oiseaux sur le toit de la maison, en compagnie de leurs cousins Wassim (9 ans), Jihad (10 ans) et Bassil (9 ans)… Les parents préparaient le repas dans la cuisine… Ils ont entendu une forte explosion. La maison s'est emplie de poussière. De l'eau teintée de sang coulait par le trou du plafond… Les parents se précipitent sur le toit recouvert de poussière… Ils découvrent leurs enfants étendus sur le sol. Jihad et Wassim étaient morts. » Afnan décède sur le chemin de l'hôpital. Bassil et Udai ont survécu, mais souffrent de graves blessures.

À l'origine de cette procédure judiciaire, une photographe et auteure française. Anne Paq travaille depuis une dizaine d'années en Palestine. En 2014, lorsque l'opération *Bordure protectrice* démarre, elle parvient à se rendre à Gaza et collecte des informations sur les victimes civiles du conflit[1]. Elle y retourne, en novembre de cette année-là, après le cessez-le-feu, pour poursuivre son travail auprès des familles rencontrées pendant l'offensive… « J'avais photographié l'enterrement des enfants Shuheibar. J'étais même présente à la morgue. Mais j'ignorais les détails de la frappe. Quand j'ai fait sa connaissance, le père d'Afnan m'a tout de suite interpellée – il savait que j'étais française : "Comment se fait-il que votre gouvernement soit complice de l'assassinat de ma fille ?" m'a-t-il lancé en allant chercher un sac dont il a déballé le contenu. Parmi les restes du missile, il m'a montré une petite pièce noire, assez légère, sur laquelle on pouvait lire les premières lettres de la marque Eurofarad France… »

On peut voir cette pièce sur le site Internet de la photographe[2]. À peine plus grande qu'un ongle et enrobée de plastique noir. À la pointe de l'objet, un morceau de métal cylindrique et cranté qui devait se fixer sur une pièce. « Il a fallu un long chemin pour que le lien soit établi avec la société Exxelia[3] et que la procédure judiciaire démarre… », soupire Anne Paq.

1. D'après les Nations unies, les combats ont coûté la vie à 74 personnes du côté israélien (dont 68 soldats) et 2 251 côté palestinien (dont 1 462 civils).

2. https://obliteratedfamilies.com/fr/.

3. Exxelia a racheté Eurofarad en 2015.

Hélène Legeay représente alors l'ACAT, l'organisation qui a porté plainte contre cette entreprise française en 2016. Elle l'accuse d'avoir fourni ce composant à l'armée israélienne: «Il était monté sur un missile de petite taille qui a été tiré vraisemblablement par un drone. Il semble qu'il s'agisse d'un capteur potentiométrique qui sert à guider les ailettes du missile. C'est du matériel de guerre à haute valeur ajoutée pour lequel l'ingénierie se fait à la demande du client pour un usage spécifique.» Selon l'ACAT, la société se serait rendue coupable de participation à un crime de guerre. Ce 17 juillet 2014, à Gaza, l'armée israélienne aurait tiré sans sommation sur la maison de la famille Shuheibar alors qu'aucun combattant armé ne se trouvait à proximité. «On reproche à Exxelia Technologies d'avoir fourni cette pièce, en sachant qu'elle allait être intégrée à un missile et que l'armée israélienne était susceptible de commettre ce type de crimes de guerre», poursuit l'avocat Joseph Breham, conseil dans ce dossier. «L'objectif de la plainte est de responsabiliser l'industrie militaire.»

J'ai tenté d'identifier la pièce en question. De dater sa vente et d'obtenir d'Exxelia des explications sur la présence à Gaza d'un de ses produits.

Pouvait-elle vraiment ignorer que ce composant entrait dans la fabrication de ce missile? S'agit-il de la part de l'armée israélienne d'une erreur de tir – un dégât collatéral – ou d'un tir intentionnel contre des civils – un crime de guerre? Je suis arrivée au salon Eurosatory, en juin 2018, avec toutes ces questions en tête. La société Exxelia y disposait d'un stand minuscule, voisin de celui du géant américain Raytheon. Il était tenu par deux jeunes femmes. Une seule petite vitrine exposait leur production. Mais, parmi les composants présentés, rien qui ressemble à la pièce ramassée à Gaza.

J'ai expliqué aux deux représentantes d'Exxelia l'objet de ma venue. Léger embarras… Ma carte de visite a été collectée avec beaucoup de sérieux. « Je ne suis pas autorisée à m'exprimer sur le sujet. Ce sont les avocats qui gèrent ça. Nous vous recontacterons… » La société n'en a rien fait. Et, sans surprise, n'a pas non plus donné suite à mes demandes reformulées par e-mail en novembre 2018.

Une enquête complexe s'annonce pour le juge d'instruction du pôle Crimes contre l'humanité-crimes et délits de guerre du tribunal de grande instance de Paris saisi de l'affaire.

*

Vendre des armes n'est pas sans risque. Plus encore lorsqu'on commerce avec des régimes corrompus dont les règles sont grises et les intermédiaires multiples.

Une autre institution judiciaire s'intéresse également, et depuis fort longtemps, aux ventes d'armes de la France.

Le Parquet national financier…

*

En 2002, onze salariés de DCN – aujourd'hui Naval Group – ont péri à Karachi alors qu'ils participaient à la fabrication de sous-marins vendus par la France au Pakistan. Le 8 mai, une bombe a pulvérisé le bus qui s'apprêtait à quitter l'enceinte de leur hôtel pour les conduire sur le site de production. Une enquête judiciaire sans fin pointe des responsabilités vers les plus hautes sphères de l'État et charrie les vilains mots associés aux contrats de ventes d'armes : rétrocommissions, financement de campagne, corruptions diverses…

L'affaire Karachi a fait couler beaucoup d'encre. À Cherbourg, elle a meurtri une ville tout entière. L'arsenal, DCN devenu DCNS puis Naval Group, y est le principal employeur. De ses chantiers et ses bureaux d'études sortent depuis plus d'un siècle les sous-marins de la marine française : *Le Terrible*, *Le Téméraire*, *Le Triomphant…* Mais aussi les bâtiments que l'entreprise vend au monde entier, notamment au Pakistan, et plus récemment à l'Inde et à l'Australie.

« Les gens de ma génération, présents comme moi à DCN depuis trente ans, connaissaient tous quelqu'un mort là-bas », m'explique Alexis Padet, syndicaliste à la CGT et charpentier fer spécialisé dans la fabrication des tronçons et de la coque des sous-marins. « L'entreprise elle-même est mise en cause. Ça gêne beaucoup de monde. C'est une blessure encore à vif. On en parle peu. Mais, à la suite de l'attentat, les personnels ont pris conscience que les armes n'étaient pas des marchandises comme les autres. Ça a montré que les déplacements étaient certes rémunérateurs – en mission on doublait notre salaire – mais qu'on pouvait y perdre la vie. »

Il lui aura suffi d'un voyage au Pakistan justement pour réaliser les enjeux, se confronter à la froide réalité de son activité.

« J'ai moi-même été à Karachi : ça m'a profondément marqué. C'est seulement sur place que j'ai pris conscience de ce que nous faisions. Et à quel point cela ne me convenait pas. Quand vous vivez au jour le jour là-bas, vous vous rendez compte que la population a besoin d'autre chose que de sous-marins. Comme de la nourriture, des écoles, des outils d'émancipation. D'autant que quelques années après, on a signé le contrat avec l'Inde juste au moment où la relation entre les deux pays se tendait à nouveau. Le Pakistan est un pays instable. L'Inde est un pays instable. Ils sont en conflit et pourtant on leur vend des sous-marins à tous les deux. En rentrant de ce voyage, j'ai intégré la CGT. Quand je suis entré à l'arsenal, à l'âge de 15 ans, il y avait une fierté à servir la nation française, à défendre sa souveraineté. Cela a complètement changé avec la privatisation de l'entreprise en 2004. Aujourd'hui, on n'a plus de mission mais un cap financier : la rentabilité pour nos actionnaires. »

Un jour de pluie, Alexis Padet me fait visiter sa ville : la place sur le port, où s'est déroulé l'enterrement des victimes de l'attentat de Karachi. « Le président Chirac s'était déplacé. Sur les toits des immeubles, il y avait des snipers… Cette scène avec les cercueils et tout le personnel derrière, c'était très frappant. » Dans le bassin de la rade, patrouillent en permanence de petits zodiacs sur lesquels des hommes en noir s'énervent de nous voir filmer les usines. Certains bâtiments sont classés secret-défense. Après avoir parlementé avec eux, Alexis Padet m'explique leur réaction. « La troisième génération de sous-marins nucléaires lanceurs d'engins pour la marine française va être conçue ici, dans un bâtiment en cours de construction. » Pour s'en approcher un peu, il nous conduit aux abords de l'ancien site de l'arsenal. Nous passons sous une arche de pierre qui délimitait autrefois la base de défense. À l'entrée du site, Alexis Padet nous indique une discrète plaque commémorative : « Elle porte les noms des camarades décédés à Karachi. Le jour même, nous avons su que des copains avaient perdu la vie. Très vite, les consignes de la direction sont tombées : "Évitez de parler." Puis c'est devenu une affaire médiatique. Quinze ans après l'attentat, il n'y a aucune certitude. Nous n'avons toujours aucune idée de ce qu'il s'est passé. Et tout reste très confidentiel. »

De l'autre côté de la rade, face à l'usine, la Cité de la mer, dédiée à l'exploration sous-marine. À quelques mètres du *Redoutable*, premier sous-marin nucléaire lanceur d'engins construit par l'arsenal et exposé pour les visiteurs, une stèle honore aussi la mémoire des disparus de Karachi. C'est là que l'un des rescapés de l'attentat m'a donné rendez-vous.

Gilles Sanson est l'un des douze Français blessés à Karachi. Ses souvenirs sont intacts. « Une boule de feu a traversé le bus. Je me souviens surtout de la pression. Une pression indescriptible. J'ai eu l'impression que ma tête allait exploser. Les secours sont arrivés assez rapidement. C'était une scène de guerre. On ne se reconstruit jamais tout à fait. C'est long. Très long. » Sans blessures apparentes, il garde une inquiétude dans le regard. Il fait partie, avec les familles de Claude Drouet et Jean-Yves Leclerc, tous deux morts à Karachi, de ceux qui n'ont pas laissé la justice oublier. Ceux pour qui l'instruction est devenue une obsession. « C'est un combat épuisant. Parfois, je pense qu'on n'aura jamais la vérité sur cette affaire. Bernard Cazeneuve, maire pendant douze ans de la ville, nous avait promis tant de choses : il avait critiqué à plusieurs reprises la gestion de ce dossier par la droite. Puis, il a été ministre de l'Intérieur et même Premier ministre, et rien n'a changé. »

*

Que s'est-il passé exactement ? Qui a commandité l'attentat et pourquoi ? L'enquête, confiée au Parquet antiterroriste, n'a pour l'instant apporté aucune réponse.

« Le premier juge, Jean-Louis Bruguière, nous a menés en bateau. Le deuxième, Marc Trévidic, était formidable, mais il a dû partir. Il a fallu tout reprendre à zéro avec un nouveau magistrat au moment où la France était frappée par les attentats de 2015. À chaque fois, on repart en arrière. Il y a au moins 3000 cotes dans le dossier d'instruction, cela fait au bas mot 15000 pages à digérer. C'est colossal.

De toute façon, les juges actuels sont débordés par les autres affaires terroristes. »

Gilles Sanson nous convie chez lui, à une dizaine de kilomètres de Cherbourg, dans un pavillon au jardin parfaitement tenu – roses, hortensias, euphorbes, palmiers… Sa femme refuse de nous recevoir. Elle va passer les deux heures que dure l'interview dans sa chambre. Cloîtrée. Je la comprends. Karachi a englouti sa vie. Et nous en sommes le sinistre rappel. Depuis l'attentat, son mari se débat avec ce dossier tentaculaire. Gilles Sanson a plongé dans les réseaux de financement du terrorisme, dont il tente avec patience de m'expliquer les méandres. Rien ne l'avait préparé à comprendre les circuits bancaires les plus obscurs. À démêler les fils d'une des affaires les plus complexes de la Ve République.

*

Dès après l'attentat, en 2002, la piste du terrorisme islamiste semble à tous évidente. Huit mois à peine après l'attaque du 11 septembre 2001, Al-Qaida fait un coupable crédible.

Puis, de révélation en révélation, émerge un autre scénario.

Le carnage de Karachi serait-il une mesure de rétorsion contre la France, dont les ingénieurs de DCN auraient fait les frais ? Se pourrait-il qu'il ait pour origine un litige à propos de rétrocommissions promises, en 1994, lors de la vente des sous-marins Agosta par l'équipe d'Édouard Balladur, Premier ministre de François Mitterrand, et futur candidat à l'élection présidentielle de 1995 ? Des commissions interrompues par l'équipe de Jacques Chirac, une fois celui-ci finalement élu, car elles auraient alimenté les comptes de campagne de son farouche adversaire, Édouard Balladur ?

Au fil de l'enquête, les familles et les victimes découvrent les règles obscures du monde des ventes d'armes. « J'avais conscience – et certains de mes collègues aussi – que les contrats donnaient lieu à des commissions, raconte Gilles Sanson. On n'était pas dupes, ça filtrait un peu. Mais j'étais loin d'imaginer que ces commissions pouvaient donner lieu à des rétrocommissions. Aujourd'hui, je ressens beaucoup de dégoût. J'ai l'impression d'avoir été manipulé par l'État français... »

En 2011, le pôle financier du tribunal de grande instance de Paris se saisit du dossier Karachi. Les deux juges d'instruction désignés, Roger Le Loire et Renaud Van Ruymbeke, soupçonnent l'existence d'un réseau de rétrocommissions occultes ayant servi à alimenter la campagne présidentielle d'Édouard Balladur à hauteur de 6,2 millions de francs (945 000 €).

Les magistrats suspectent diverses personnalités : Ziad Takieddine, intermédiaire supposé, ainsi que Nicolas Bazire, ex-directeur de campagne d'Édouard Balladur, et Thierry Gaubert (deux proches de Nicolas Sarkozy), puis Renaud Donnedieu de Vabres, conseiller de François Léotard au ministère de la Défense de 1993 à 1995.

L'affaire éclabousse les plus hautes sphères de l'État. Même Nicolas Sarkozy, devenu à son tour président de la République, est entendu comme témoin pendant plusieurs heures par la Cour de justice de la République (CJR). À l'époque des faits, il était ministre du Budget d'Édouard Balladur (1993-1995) et porte-parole du candidat pendant sa campagne présidentielle.

En juin 2014, après trois ans d'enquête, les juges Le Loire et Van Ruymbeke bouclent leurs investigations en demandant le renvoi devant le tribunal correctionnel de six personnes mises en examen pour « complicité et recel d'abus de biens sociaux », dont l'intermédiaire Ziad Takieddine qui nie toute participation à la négociation. Il faudra attendre cinq ans pour que le procès de ce six protagonistes soit enfin annoncé ; il devrait se tenir au tribunaal correctionnel de Paris du 7 au 31 octobre 2019. Les cas d'Édouard Balladur (mis en examen en mai 2017) et de François Léotard, alors respectivement Premier ministre et ministre de la Défense, relèvent de la Cour de justice de la République[4]. Plus de quatre ans après la première ordonnance de renvoi, celle-ci fait encore l'objet de nombreux recours.

*

Lorsque je rencontre le juge Renaud Van Ruymbeke, l'affaire Karachi n'est donc toujours ni jugée ni tranchée. Il n'a par conséquent pas le droit

4. Contactés, leurs avocats n'ont pas répondu à ma sollicitation écrite.

de la commenter. Mais il accepte de revenir sur une autre affaire impliquant des ventes d'armes qu'il a échoué à éclaircir. Celle dite des frégates de Taïwan. Là encore, des millions de dollars de commissions, des morts mystérieuses et des soupçons de rétrocommissions autour d'un gigantesque contrat d'armement signé en 1991, notamment par Thomson, devenue depuis Thales. Après de longues années d'enquête le conduisant à mettre en cause Roland Dumas, ancien ministre des Affaires étrangères, Renaud Van Ruymbeke a dû jeter l'éponge. Avec le recul, il souligne les constantes pesant sur ce type de dossiers.

« À chaque fois, le travail du juge se heurte au secret-défense. Il n'a pas accès aux informations qui lui sont nécessaires. Lorsque j'ai fait pratiquer une perquisition au siège de la société française concernée, il y avait des dossiers liés à cette affaire-là mais je n'ai pas eu le droit d'y toucher. Des dirigeants de l'entreprise me disaient : "On a des consignes, on ne vous répondra pas : secret-défense." Donc en tant que juge, vous ne pouvez pas saisir des documents, vous ne pouvez pas faire d'auditions. Et si vous trouvez des documents classifiés secret-défense, vous n'aurez pas le droit d'en prendre connaissance. Il vous faudra demander l'autorisation au ministre. Qui à son tour consultera une commission. La réponse sera Oui ou Non. Pas une ligne de motif. Parce que même les explications peuvent violer ce secret-défense. Donc vous n'avez aucune explication. "Circulez, y a rien à voir !" Et vous ne saurez pas pourquoi… Non seulement j'ai perdu mon temps mais je me suis retrouvé poursuivi devant le Conseil supérieur de la magistrature. Il m'a été reproché d'avoir eu des contacts avec un informateur. À l'époque, il paraissait pourtant crédible, il avait un poste très important dans l'industrie de l'armement, et disait qu'il connaissait des numéros qui m'intéressaient. C'était une fausse piste. Cela m'a valu six ans de tracasseries judiciaires. J'ai été le seul poursuivi dans l'affaire de Taïwan. Mais blanchi *in fine*.

« Est-ce qu'il y a eu des rétrocommissions ? Est-ce que des politiques français ont utilisé ces ventes pour financer des campagnes électorales ou autre chose ? Je ne sais pas parce qu'on ne m'a pas donné accès aux documents qui pouvaient m'apporter des réponses. J'avais saisi près de 500 millions de dollars sur le compte de l'intermédiaire en Suisse, j'ai dû lever ma saisie parce que je n'avais pas pu démontrer l'infraction. Je ne sais même pas ce qu'est devenu cet argent. On parle quand même de sommes colossales, avec au moins un mort : le capitaine Yin, qui avait découvert des payements et qui a été assassiné dans le port de Taipei. C'était maquillé en noyade. En réalité, on l'avait tué avant. Et il y a eu au moins deux autres morts suspectes. »

*

« Mais si, il a très bien pu se noyer tout seul. Les Taïwanais sont des gens qui boivent beaucoup – comme des fous. De l'alcool de riz et du cognac… » Christian Mons-Catoni, l'ancien de Thomson est un peu gêné lorsqu'il m'explique cela. Il enlève son micro, préférerait que l'on coupe la caméra. L'ancien vendeur d'armes sait de quoi il parle puisqu'il était en poste à l'époque de l'affaire des frégates de Taïwan.

« Il ne faut pas lever le secret-défense, ça n'apportera rien. Moi, je n'étais pas au courant du dessous des cartes. Mais je savais que le montant des commissions était élevé. Trop élevé d'au moins 10 points par rapport aux pratiques habituelles. Accepter de payer autant, c'est pas logique, sauf à y avoir un intérêt personnel. 25 % : fichtre ! C'est une augmentation du quart du prix, quand même. »

L'affaire des frégates de Taïwan n'a jamais pu être éclaircie mais elle a fait trembler toute la classe politique française de l'époque, traumatisée par l'intrusion de la justice dans ses arrangements occultes.

Pierre Joxe, ministre de la Défense au moment de la signature de ce contrat, me le confirme. « Il y a des gens qui ne peuvent pas parler, qui ne peuvent pas dire ce qu'ils ont fait ou laissé faire. Dans d'autres affaires, j'ai fait des réunions très, très précises avec les chefs de file, avec des patrons, pour leur dire pourquoi, pour ma part, j'étais convaincu qu'on devait lutter contre la corruption. Il faut être catégorique là-dessus. Mais on n'est pas toujours sûr d'être obéi. Et quand on devient ministre de la Défense, on tombe sur des affaires qui ont été conclues par d'autres dont on ne connaît pas toujours ni les tenants ni les aboutissants, ni la réalité ni les documents… »

Non seulement le secret-défense a bloqué l'enquête sur les rétrocommissions, non seulement les millions d'euros un temps immobilisés par le juge Van Ruymbeke se sont envolés, mais vingt ans après les faits, en 2011, la France, condamnée par un tribunal arbitral, a dû rembourser à Taïwan les commissions payées – explicitement interdites dans le contrat de vente. À la charge de Thales : 170 millions d'euros. À celle de l'État français et de ses contribuables : 460 millions d'euros… Un peu plus que la somme saisie par Renaud Van Ruymbeke et qu'il a dû laisser filer.

*

En octobre 2017, une autre décision d'un tribunal arbitral a condamné Thales et Safran à rembourser à ce même pays, Taïwan, respectivement 64 et 29 millions d'euros dans le cadre d'un contrat signé à la même époque, portant sur la vente du Mirage 2000-5. À elle seule, la société Dassault Aviation devra verser 134 millions d'euros… L'État français, cette fois, n'est pas directement mis à contribution.

« En 1992, je n'étais pas sur ce sujet-là, se défend le président de Dassault Aviation, Éric Trappier. Tout ce que je peux vous dire, c'est que la société avait des consultants que nous aurions dû déclarer et que nous n'avons pas déclarés. On a été condamné pour ça par le tribunal arbitral. C'est un litige commercial. Point. Le litige est soldé.

– Rien à voir avec de la corruption ?

– Non.

– Rien à voir ?

– Non, rien.

— Vraiment ?

— Non, rien[5]… »

Christian Mons-Catoni n'a pas ces pudeurs. Lui n'est plus en poste. « Sinon je ne vous raconterais pas tout ça…, avoue-t-il. Avant les années 2000, la corruption dépassait parfois les 15 % ! C'étaient des pratiques commerciales contestables, détestables mais "officielles". Il y avait un bureau au ministère [des Finances] où vous déposiez les contrats que vous signiez avec ces honorables correspondants de façon à ce que ça soit déductible de vos impôts et que vous puissiez passer ces frais dans vos dépenses. C'est une pratique que j'ai déplorée publiquement à de nombreuses reprises. Néanmoins, à une époque, on était obligé de s'en accommoder et d'y participer. Vous étiez contacté par des intermédiaires, souvent en concurrence les uns avec les autres. Ils vous proposaient leurs services en échange de subsides importants qui dépassaient largement leurs besoins propres. »

Avant les années 2000, la corruption gangrénait les ventes d'armes. Tous mes interlocuteurs en conviennent. Même Charles Millon. « Un dignitaire saoudien m'avait expliqué la raison de ces commissions dans son pays, raconte posément l'ancien ministre de la Défense (1995-1997). Selon lui, chaque homme politique saoudien étant responsable d'une tribu, il lui faut des moyens financiers pour qu'elle puisse se développer, se nourrir, se loger, éduquer ses

5. Entretien avec l'auteure, janvier 2018.

enfants, etc. C'est la raison pour laquelle ils réclament ces commissions, semble-t-il ; c'est dans leurs mœurs et c'est public. » Un système visiblement accepté par le personnel politique français. Les magistrats du pôle financier portent sur ces habitudes un regard moins complaisant. « Vous vous rendez compte que jusqu'en 2000 il n'y avait aucune loi en France qui punissait la corruption de décideurs publics étrangers, fulmine le juge Renaud Van Ruymbeke. Ce n'est pas pour autant que c'était légal. Parce que quand vous payez un ministre de la Guerre d'un pays X pour lui vendre des armes, là-bas, c'est complètement illégal. Tous les États du monde condamnent la corruption. Quand on vous dit "c'était légal", c'est un peu rapide. »

Car la corruption ouvre la porte à toutes les tentations. Pierre Joxe ne le nie pas. « Le commerce des armes est un des domaines dans lesquels la corruption est le plus développée. *In fine*, les décisions d'achat sont prises par des hommes seuls – les chefs d'État ou un de leurs proches, souvent le ministre de la Défense. Sur ces contrats de centaines de millions, voire de plusieurs milliards, une petite commission microscopique d'un petit 2 % ridicule peut amener beaucoup d'argent. Des flots d'argent. Il y a le bénéficiaire final et les intermédiaires qui, au passage, grappillent quelque chose. La corruption la plus choquante est celle pratiquée à grande échelle par un ministre. Mais ça n'a jamais lieu sans qu'il y ait aussi des petites mains. Des gens qui vont porter des petites valoches. Vous savez, un million de dollars, ça tient dans une serviette ou un sac de dame. Et puis il y a ceux qui ont de la colle sur les doigts, ce n'était pas prévu mais ils se servent quand même : c'est un des trucs les plus pourris au monde. La France a été très active dans ce domaine. Personnellement, je me suis toujours opposé à cela. Mais il y a eu d'autres gouvernements français qui n'ont pas eu les mêmes instructions, les mêmes habitudes. Ce sont des choses qu'il est difficile de décrire sans s'exposer très rapidement à des poursuites pour diffamation. Ou pire… C'est comme un cancer. On ne sait pas quand et comment ça commence. Mais quand ça explose… »

16

POTS-DE-VIN OU « SERVICES COMMERCIAUX » ?

> « On se maque avec des décideurs étrangers. Et après, on braque les industriels. »
>
> L'assistant de Bernard Cheynel.

Septembre 2017

LE TRAIN INTERCITÉS À DESTINATION DE DEAUVILLE traverse des paysages chlorophylle : le vert, cette richesse normande, qui produit crème fraîche et chevaux de course. Dans mes mains, le livre de l'homme avec lequel je vais passer la journée : *Marchand d'armes*[1]. Au fil des pages, l'auteur, Bernard Cheynel, y égrène une carrière faite de coups ratés, de contrats envolés

1. Coécrit avec Catherine Graciet, Paris, Seuil, 2014.

et de millions escamotés à cause, affirme-t-il, de l'avidité des hommes politiques français et de leur goût immodéré pour les rétrocommissions. Des pratiques auxquelles il assure s'être toujours opposé. J'imagine pourtant qu'en quarante ans d'activité, il a bien dû en signer quelques-uns, de contrats. Et qu'il doit donc s'y connaître un petit peu en matière de corruption.

Des confrères m'avaient prévenue : Bernard Cheynel est un personnage difficile. Ils s'étaient gardés de me dire qu'il était surtout invraisemblablement bavard. Lorsqu'il m'accueille ce jour-là en gare de Deauville, flanqué de son jeune assistant, il est 9 h 48. Lorsque tous deux me raccompagnent le soir à la même gare, il est 19 h 11. Entre les deux, mon hôte n'a pas cessé de parler. Pas une minute. Pas une seconde. Et souvent pour me révéler les scoops déjà publiés trois ans auparavant dans son livre.

Bernard Cheynel parle, parle et s'emporte contre ses ennemis, contre les hommes politiques, contre ses concurrents qui ont juré sa perte. Bernard Cheynel gronde, crie, se lève pendant l'interview, rejoue des scènes vécues – certaines véridiques, d'autres probablement inventées – souvent drôles... Ses reparties, sa gestuelle, Audiard ne les aurait pas reniées.

Aujourd'hui, Bernard Cheynel est un intermédiaire visiblement ruiné. « Vous voyez, c'est pas l'oseille qui me motive, c'est la passion. » À 74 ans, l'ancien vendeur d'armes porte encore beau. Mais son costume bleu roi rayé est d'une autre époque, son cigare, qu'il se fait allumer par son assistant, caricatural. Sa Rolls blanche n'est plus qu'un souvenir, mais vivace et regretté. Elle a été remplacée par une vieille voiture, française, brinquebalante. Il conduit lentement. Les fenêtres ferment mal. On frôle dix fois l'accident.

« À un certain moment, j'étais trop voyant. Je faisais tout un cinéma. La Rolls, les cigares, je voulais imposer cette image d'homme d'affaires. Au bout d'un moment, j'ai compris qu'il fallait être plus discret… Regardez, là, c'est l'hôtel particulier des Dassault. Plus loin, il y a le casino. À Deauville, il y avait tout l'état-major de Sarkozy, la bande du *Fouquet's*, Desseigne, Thierry Gaubert… »

Nous arrivons chez lui. Le portail grince. La peinture extérieure de la maison est défraîchie. Tout part en lambeaux. C'est un peu incongru dans ce quartier de Deauville. Installé, il ne met pas longtemps à aborder le cœur du problème.

« "Pots-de-vin", c'est péjoratif. À Bercy, ils appelaient ça des "frais commerciaux". En France, c'était légal, je vous rappelle. Pour fluidifier les rapports, il faut des intermédiaires. Y aura toujours besoin de gens comme moi. Y aura toujours la guerre. Je ne vois pas pourquoi il existerait des vendeurs chez Ricard et pas dans l'armement. Mon rôle était de convaincre l'utilisateur qu'on était meilleurs que les Américains. » Son assistant le résume plus crûment : « On se maque avec des décideurs étrangers. Et après, on braque les industriels. »

« Je mettais dans mon coffre des valises pleines de liquide et je passais la frontière suisse à 3 heures du matin. Je devais sûrement croiser des dealers ! Ma règle, c'était "jamais de virement", pour éviter toute traçabilité, même si à l'époque ça n'était pas illégal !

« Un jour, le Parti socialiste wallon avait une urgence, les gars voulaient de l'argent. Ma banque était à Genève. Ce coup-là, ça m'emmerdait vraiment de traverser la frontière la nuit, le coffre plein. J'ai créé un compte à mon nom au Luxembourg et j'ai fait un virement depuis mon compte de Genève. J'ai attendu huit jours que l'argent soit là. Et puis je suis allé voir le banquier et je lui ai dit : "Voilà, y a 650 000 euros, je veux 600 000 euros en espèce." Il m'a regardé bouche bée. J'ai donné rendez-vous à mon correspondant du Parti socialiste wallon – je donne pas son nom, excusez-moi, parce qu'il a échappé à l'épuration [*rires*] – et aux deux chargés d'affaires de cette même banque dans une pièce de la succursale – tout le cash était posé sur une table de la salle des coffres.

"Qu'est-ce que c'est que ce merdier ? a braillé l'un des banquiers.

– Vous voyez bien l'origine de l'argent, ça n'arrive pas de Colombie. C'est mon argent, il y a deux minutes il était à moi. Maintenant, il n'est plus à moi, il est à monsieur !"

Et l'autre a eu un cri du cœur. Il a dit :

"Ah oui ! Oui ! C'est à moi, tout ça. Mettez-le sur mon compte !" Sur le plan judiciaire, il n'y avait pas de virement de compte à compte.

Quelques jours après, je m'en souviendrai toute ma vie, j'étais en train d'acheter une robe chez

Versace pour une dame, mon chauffeur m'a tendu *Libération* :

"Monsieur Cheynel, lisez : '600 000 euros ont été versés sur le compte du Parti socialiste wallon en espèces. Une juge belge suppose que c'est l'argent de Serge Dassault[2].' C'est rigolo non ?

– Ah, c'est pire que rigolo !"

Aujourd'hui, il y a prescription... »

La Belgique, le Pakistan de Benazir Bhutto, la Libye de Kadhafi... Bernard Cheynel a travaillé partout et pour tout le monde : Eurocopter, Aérospatiale, SFIM Industries, Thales. « Dans mon livre, vous avez vu, j'ai foutu plein de noms. Exprès ! J'ai pas eu une diffamation, ma chère. »

À l'en croire, son principal succès fut la vente d'hélicoptères Cougar d'Eurocopter au gouvernement des Pays-Bas, en 1993 : « J'ai réussi à battre les Américains. Pourtant, je n'étais pas aidé. Trois militaires français avaient consenti à faire le déplacement pour défendre notre produit, mais ils ronchonnaient : "Qu'est-ce qu'on fout ici ? C'est pas notre job de faire l'éloge de cet hélicoptère !" En plus, ils étaient tout petits et fringués en costume de La Samaritaine. Face à la délégation américaine, j'avais l'air d'un benêt.

2. En 1996, la société Électronique Serge Dassault a été accusée par la justice belge d'avoir versé 9 millions d'euros à des membres du Parti socialiste – belge – dans le cadre d'un contrat de plus de 150 millions d'euros concernant l'entretien d'avions et l'achat d'hélicoptères de l'armée nationale. En 1998, Serge Dassault était condamné à deux ans de prison avec sursis pour corruption active mais en 2005, la Cour européenne des droits de l'homme a finalement jugé que ce procès avait été inéquitable, l'industriel français n'ayant pas été entendu en Belgique par la juridiction *ad hoc*.

Mais j'avais bien fait mon boulot et le gouvernement hollandais a voté pour le Cougar… J'avais réglé les différents partis. Y avait pas d'enrichissement personnel, j'avais bien vérifié que c'était uniquement pour les partis politiques », assure-t-il.

Au creux de l'après-midi, nous sommes partis faire des plans le long de la plage. À Deauville, ce jour-là, les planches étincelaient. L'été tirait en longueur. Les promeneurs se retournaient sur ce vieux monsieur matois, à l'œil vif et rieur. Son cigare à la main, Bernard Cheynel était presque attendrissant. « Vous savez, ça a un petit côté James Bond, mon métier… » Lui et son jeune acolyte tiennent pour un fait établi qu'il s'agit avant tout d'un sésame pour lever les filles.

Sur les murs de sa maison, de multiples photos en attestent, Bernard Cheynel est amateur de jeunes femmes. « Vous savez, quand on est dans l'armement, curieusement, ça attire… Je les appelais mes "bonbons". Je ne les faisais pas travailler. Mais je les amenais pour égayer. Comme on apporte des fleurs à un dîner. Mon métier est déjà assez sordide comme ça. C'étaient des filles de Deauville. À 20 ans, on n'est pas prostituée, on a envie de changer de milieu social. Je leur achetais de temps en temps une robe de couturier. Je faisais quelques dépenses et elles étaient contentes. Un jour, un ministre hollandais est tombé amoureux. Tant mieux pour elle ! En plus, les filles ne comprenaient rien aux affaires. Mais en vieillissant, je vois que ça ne suffit pas… Sur un plan personnel, je veux dire. »

Une ombre passe derrière lui pendant l'interview, une femme un peu voûtée et voilée. Zohra Mansour, l'une des plus proches gardes du corps de Kadhafi. Bernard Cheynel l'héberge depuis la chute du guide libyen, en échange de quoi elle s'efforce de tenir cette maison en cours de naufrage. L'ancien homme d'affaires est moins disert sur ses nouvelles activités. Il affirme quand même être sur les rangs pour vendre l'avion Rafale à la Belgique[3]. Il exhibe aussi une plaquette de DCNS – désormais Naval Group. « J'ai deux pays intéressés par les frégates FREMM, un en Europe et l'autre au Maghreb. Le minimum, c'est un milliard d'euros. Les clients m'apprécient parce qu'ils savent qu'avec moi, il n'y aura pas de rétrocommissions à la française. »

Chez les intermédiaires, la mythomanie le dispute parfois au culot le plus sublime. Et certains parviennent ainsi à tricoter d'invraisemblables vies.

*

Un autre, au nom sulfureux, Ziad Takieddine, a semble-t-il moins d'urgences financières qu'on en devine chez Bernard Cheynel. Mais il est tout aussi bavard. Et aime révéler des scoops. À vous, justement, qu'il connaît depuis cinq minutes. Simplement parce que vous lui êtes « sympathique » : « Vous tombez bien, venez immédiatement. Je pars demain pour l'Arabie Saoudite : une affaire d'État… » Mis en examen dans l'affaire Karachi, Takieddine a retrouvé

3. Les Belges achèteront des F-35 américains.

dans la très chic avenue Georges-Mandel son appartement en rez-de-jardin, un temps saisi par la justice. On le devine immense. Mobilier de style, tentures et lustres de cristal, un décor magnifique. Il reçoit à 19 heures, on le quitte à 23 heures avec le projet d'enregistrer l'interview à son retour de voyage. Auquel il ne donnera finalement pas suite. Mais ce soir-là, il parle. De digressions en anecdotes, se dessine un monde tordu. Fait de coups bas, de langage viril. Son obsession du moment : les commissions versées en marge du contrat Sawari II – trois frégates La Fayette vendues à l'Arabie Saoudite en 1994 pour un montant d'environ 3 milliards d'euros. Des commissions – pas illégales à l'époque, mais contraires au contrat selon lui. « Il n'y aurait pas dû y avoir un centime de commission. » Alors, il rêve d'arracher un arbitrage international contre la France sur le modèle de Taïwan. Il veut faire payer Paris : « Pourquoi pas 8 milliards d'euros », et chiffre d'emblée la part qui lui revient : « 500 millions d'euros ». Son plan est arrêté. « Je les verserai à des œuvres au Liban » – sa patrie d'origine. « Avec ça, je peux me rendre populaire et prendre la tête du pays. Je vise la présidence. Les Russes m'ont donné leur accord. » À part ça, Ziad Takieddine voue une haine tranquille et tenace à Renaud Van Ruymbeke, son juge. Promet n'avoir pas joué les intermédiaires sur le contrat au Pakistan. Tout juste reconnaît-il avoir rencontré, dans un palace parisien, Benazir Bhutto, la Première ministre pakistanaise, « mais seulement pour la mettre en garde contre un autre intermédiaire ». D'ailleurs, à bien y réfléchir, lui-même n'est pas intermédiaire en armement. Son discours confus, sa volonté si manifeste de me manipuler me laissent perplexe. Je ne regretterai pas qu'il ne donne finalement pas suite à ma demande d'interview.

*

Les commissions, la corruption généralisée et ces intermédiaires sulfureux, les industriels affirment qu'il s'agit du monde d'hier.

L'armement se serait moralisé.

En 2000, la France a ratifié la convention de l'OCDE interdisant la corruption d'agents publics étrangers. Cette pratique si répandue devient désormais passible de poursuites dans notre pays Pour Christian Mons-Catoni, l'ancien patron du CIDEF, le Conseil des industries de défense françaises, « cela a permis d'expliquer à nos honorables correspondants que ces pratiques-là n'avaient plus cours. Ça nous a aidés à mettre bon ordre dans le marigot, il y a eu un coup de frein. Il y a eu des discussions saignantes avec des pays du Golfe. Il était vraiment temps de mettre des limites… »

Les choses ont-elles vraiment changé ? Ou simplement « changé de nom » comme nous le laisse entendre, ingénu, un intermédiaire français installé en Arabie Saoudite : « Sans commission, il n'y a pas de business. Désormais, elles s'appellent *consulting fees*, *advisory fees* ou *marketing fees*… »

Les « affaires », de fait, ont continué à défrayer la chronique judiciaire ces dernières années. Les juges du pôle financier s'appuient sur cette convention pour lancer leurs investigations. Et parmi les dossiers à l'instruction, celui de la vente à la Malaisie, en 2002, de deux sous-marins Scorpène et d'un sous-marin Agosta pour un montant de près de un milliard d'euros. Cette transaction a donné lieu, quinze ans plus tard, à la mise en examen d'un ancien dirigeant de la filiale internationale de DCN (devenue Naval Group) pour « corruption active » et « abus de biens sociaux ». Selon l'enquête, instruite au pôle financier depuis 2010, des contrats de consultants auraient servi à corrompre l'ancien ministre de la Défense malaisien, Najib Razak, futur Premier ministre de son pays. Une source au sein de DCNI – qui souhaite rester anonyme – me l'explique ainsi : « Même si le contrat a été signé en 2002, les négociations avaient commencé avant la signature par la France de la convention de l'OCDE, il était donc très difficile de revenir en arrière sur les promesses de commissions faites à nos clients sur place. Ça aurait tout fait capoter. D'autant qu'on nous mettait beaucoup de pression – notamment du côté de l'État – pour que nous emportions le contrat. »

*

Les succès de l'« équipe France » n'échappent pas à la curiosité des magistrats. Si la vente à l'Inde de l'avion Rafale n'a encore donné lieu à aucune enquête française, elle s'est littéralement transformée en tempête politique à New Delhi, où l'opposition (le parti du Congrès) attaque sans relâche le gouvernement de Narendra Modi sur son manque de transparence.

Les opposants dénoncent notamment une connivence avec le groupe privé Reliance, propriété d'Anil Ambani, partenaire indien de Dassault, au détriment d'une structure publique. Par ailleurs, ce conglomérat indien Reliance s'est diversifié dans les télécoms, la construction et le divertissement. En octobre 2016, le site critique des médias *Arrêt sur images* reproduisait un communiqué officiel du groupe Reliance, en date du 24 janvier précédent, annonçant la coproduction d'un film (vantant l'Everest) de Serge Hazanavicius, *Tout là-haut*, produit par Rouge International, la société de production de Julie Gayet, compagne du chef de l'État en exercice.

Le site journalistique relevait que ce communiqué avait été publié le jour même de la visite officielle de François Hollande en Inde, où il tentait de venir vendre le Rafale. Fin 2016, l'information n'avait fait polémique ni à Paris ni à Delhi, mais celle-ci a ressurgi deux ans plus tard, à l'automne, lorsque se sont tendues un peu plus les relations entre le gouvernement indien et son opposition. Interrogé par Mediapart, François Hollande a affirmé que la France s'était vue imposer son partenaire industriel dans le cadre du contrat Rafale. « Nous avons pris l'interlocuteur qui nous a été donné… Ce groupe n'avait pas à me faire quelque grâce que ce soit. Je ne pouvais même pas imaginer qu'il y avait un quelconque lien avec un film de Julie Gayet. » Officiels indiens et français assurent pourtant que Dassault Aviation a été libre de s'associer à Reliance Group. Une polémique gênante pour l'avionneur français, qui négociait toujours, en 2019, la vente de 110 Rafale supplémentaires…

Le contrat Donas à destination du Liban et financé par les Saoudiens aurait quant à lui été rattrapé par ces vieilles pratiques. En janvier 2016, Jean Guisnel écrivait dans *Le Point* : « [Le contrat Donas] a buté ces derniers mois sur de complexes versements de commissions occultes. Selon nos informations, les préoccupations de l'Élysée portent actuellement sur les moyens d'empêcher des partis politiques français d'opposition d'engranger des commissions. Le problème paraît aujourd'hui en voie de résolution, la partie française ayant été enjointe de ne verser aucun pot-de-vin en dehors de la famille royale saoudienne. »

De quels partis s'agit-il ? Les rétrocommissions ont-elles été interrompues ? Pourquoi ces versements à la famille saoudienne puisque les commissions sont désormais proscrites ? Jean Guisnel n'en dit pas plus. Pour l'instant, la piste s'arrête là.

Même CMN, le petit chantier de Cherbourg qui nous avait ouvert ses portes au cours de l'été 2017, ferait l'objet de deux enquêtes judiciaires – l'une aux États-Unis, l'autre au Mozambique. Selon Mediapart, qui a rapporté l'information, elles porteraient sur le montage financier de sa maison mère, Privinvest, lors d'un contrat signé avec le Mozambique, en 2013. Une demande d'entraide pénale internationale aurait été adressée à la justice française, « qui ne souhaite à ce stade faire aucun commentaire… »

Mais l'affaire la plus sensible, et qui inquiète le plus, jusqu'au sommet de l'État, est celle qui touche Airbus. L'ex-EADS – 130 000 salariés, 66,8 milliards d'euros de chiffre d'affaires – est visée par de multiples procédures.

Les ventes, d'une part, de 45 hélicoptères Eurocopter au Kazakhstan en 2010 et, d'autre part, de 18 avions de chasse Eurofighter à l'Autriche en 2003, donnent lieu à des enquêtes en France, en Belgique et en Autriche. Dans chacune plane une suspicion de versement de pots-de-vin pour infléchir les décideurs politiques. Mais le mastodonte européen a surtout beaucoup à craindre des juges américains, impitoyables, dans le cadre d'une guerre économique d'une violence inouïe : États-Unis contre Europe, Boeing contre Airbus. Au cours de l'automne 2017, le géant de l'aéronautique s'est vu contraint de se dénoncer pour avoir « oublié » de déclarer le montant versé aux intermédiaires, dans le cadre de contrats de milliards de dollars portant sur des ventes d'avions civils cette fois.

La direction d'Airbus tente à tout prix d'éviter d'être reconnue coupable de corruption, ce qui lui barrerait l'accès au marché américain. Elle se débat donc pour remanier de fond en comble sa direction afin de présenter de nouveaux visages à la justice américaine et à ses homologues britannique et française, qui avancent de concert, et obtenir ainsi des accords à l'amiable plus cléments.

« La morale est une arme commerciale puissante que les États-Unis excellent à appliquer aux autres », souligne Alain Juillet, ancien directeur du Renseignement à la DGSE, ancien haut responsable de l'intelligence économique auprès du Premier ministre et conseiller d'un cabinet d'avocats d'affaires. Pour lui, « la convention de l'OCDE est avant tout un outil américain. La moralisation des relations commerciales n'est pas en soi une mauvaise chose mais nous partions en France de très loin. Il aurait fallu tout remettre à plat. Cet effort n'a pas été fourni. Mais il n'est pas impossible de faire propre. À ma connaissance, on n'a rien versé à l'Australie pour obtenir le contrat des sous-marins ».

« C'est un vrai débat philosophique, se désole Renaud Van Ruymbeke. Est-ce qu'on considère que pour obtenir ces contrats, sauf à être naïf, il faut verser des commissions ? Quand nous enquêtons, nous sommes confrontés à cette injonction : “Attention, vous êtes en train de couler notre entreprise, il y a des emplois derrière.” C'est une contradiction dont on ne sort pas. Lorsque les pays membres ont adopté la convention de l'OCDE, tous ont reconnu que la corruption internationale était insupportable et qu'il fallait la combattre. Mais dès que les entreprises nationales sont en péril, les États bloquent les enquêtes… Tant que chacun défend son pré carré, comment voulez-vous avancer ? Vous entretenez la corruption et ces fortunes – colossales – que les intermédiaires et ceux qu'ils arrosent camouflent dans des paradis fiscaux. À ce niveau-là, ces systèmes offshore sont particulièrement complexes à démonter. Si vous n'êtes pas un petit peu aidé de l'intérieur, vous ne comprendrez jamais rien. Mais si c'est le monde qu'on veut, à ce moment-là, ce n'est même pas la peine de demander au juge d'enquêter… »

« On ne peut pas assainir le marché, confirme, pessimiste, l'ancien ministre de la Défense Pierre Joxe. On peut ou non participer à des pratiques de corruption illégales en mettant en avant la bonne cause : "Si on ne le fait pas, on n'aura pas le marché." Mais l'excellence n'a pas besoin de corruption. Quand on est les meilleurs, on a quelque chose de plus que ceux qui ont de l'argent. Cela dit, je pense que ces pratiques ont quand même diminué. »

17

L'IMPOSSIBLE CONTRÔLE PARLEMENTAIRE ?

> « Aujourd'hui, pour être politiquement correct, il faut être féministe, pour le développement durable et contre les ventes d'armes... »
>
> Un député LR de la commission de la Défense nationale de l'Assemblée nationale.

EN FRANCE, À CHAQUE DÉBUT DE LÉGISLATURE, LES industriels de l'armement sont entendus par l'Assemblée nationale. Les nouveaux députés de la commission de la Défense nationale et des Forces armées – l'une des huit commissions permanentes de l'Assemblée nationale – peuvent leur poser toutes les questions qu'ils souhaitent. Ces auditions sont longues, techniques et un peu laborieuses. Mais elles sont publiques. Il suffit de prendre le temps de les regarder et aussi avoir quatre heures trente devant soi. Ces séances sont pleines d'informations et de symboles. Et pleines d'absences, aussi. De creux.

Le 18 juillet 2017, par exemple, se déroule l'audition du représentant des industries navales, Hervé Guillou, également P-DG de la DCNS (devenue Naval Group). Ce même jour, l'on apprend que François Léotard, ancien ministre de la Défense (1993-1995), a été mis en examen par la Cour de justice de la République dans l'affaire Karachi et la vente des sous-marins DCNS au Pakistan.

Ce même 18 juillet encore, la presse révèle que l'ancien patron[1] de la filiale internationale de la DCN a également été mis en examen pour corruption dans le cadre de la vente de trois sous-marins à la Malaisie en 2002.

Deux informations révélées ce même jour. Deux affaires dans lesquelles la société d'Hervé Guillou, auditionné par les députés, est directement mise en cause.

Mais de tout cela, pas un mot. Pas une question au patron de DCNS. Ni à lui, ce jour-là, ni aux deux autres représentants des vendeurs d'armes.

Seul le député du Bas-Rhin Laurent Furst s'adresse sur ce thème à Stéphane Mayer, représentant du GICAT (Groupement des industries de défense et

1. Philippe Japiot clame son innocence : « L'ingénierie commerciale [les négociations] était opérée par Thales. De notre côté, nous avons tout fait pour être en conformité avec les règles de l'OCDE », m'a-t-il assuré en février 2019.

de sécurité terrestres et aéroterrestres) et P-DG de la société Nexter :

« On sait que pour un certain nombre de pays, on ne peut pas vendre sans… transgresser un peu la règle. Est-ce que vous pourriez nous dire si ça représente une difficulté pour les industries que vous représentez… ? »

Réponse mi-amusée, mi-grinçante de Stéphane Mayer :

« Heu… On respecte la loi évidemment… heu… C'est vrai que les procédures sont de plus en plus contraignantes. Mais parfois, il est plus important de respecter la loi que de réussir un contrat. Heu… Il est toujours plus important de respecter la loi… »

Rien d'autre.

En quatre heures trente d'échanges, pas un mot sur l'Égypte non plus. Et alors que le conflit au Yémen dure depuis plus de deux ans, que les accusations de crimes de guerre à l'encontre de la coalition se multiplient, que la famine et le choléra sont évoqués depuis des mois, un seul parlementaire, Bastien Lachaud, de La France insoumise, s'interroge sur l'utilisation de l'artillerie de Nexter au Yémen. Mais son ton est hésitant, et il bute sur la prononciation du canon « Caesar ».

Pour le reste, les questions des élus reflètent les intérêts bien pensés de la sauvegarde de l'emploi sur leurs territoires. Au fond, elles disent toutes la même chose : « Que peut-on faire pour vous aider ? »

Industriels et élus parlent le même langage. À des années-lumière d'un débat contradictoire.

*

Il incombe pourtant aux parlementaires de cette commission la responsabilité de contrôler les ventes d'armes de la France. Le *Rapport au Parlement sur les exportations d'armement* leur est destiné.

Le ministère des Armées leur communique chaque année, pays par pays, le nombre de licences délivrées et leurs montants, ceux des commandes passées et enfin ceux des livraisons effectuées. Une pratique inaugurée, à reculons, voici environ vingt ans, alors que la France apparaissait, déjà, bien en retard par rapport à ses voisins européens. Mais les ONG qui suivent ces questions – tant Amnesty International que l'Observatoire des armements ou que l'Action des chrétiens pour l'abolition de la torture (ACAT) – estiment que le rapport n'est ni complet ni pertinent. « Il ne fournit aucune information sur le type exact de matériel livré, sur les sociétés impliquées ou sur le recours à des intermédiaires. Impossible de s'assurer que la France respecte ses engagements internationaux… », déplorent leurs représentants, Aymeric Elluin, Tony Fortin et l'enquêtrice Hélène Legeay.

Bien qu'incomplet, il demeure pourtant le seul élément de mesure public de nos exportations. Un document précieux. Incontournable.

*

Qui donc interviewer dans cette commission de la Défense nationale pour avoir une parole à la fois informée mais aussi renouvelée ? La vague électorale La République en marche a fait s'initier à la politique beaucoup de jeunes élus qui auront – pensais-je – un regard différent sur ces questions, affranchi des réflexes de l'« ancien monde ».

Jean-Charles Larsonneur appartient à cette génération. Ex-fonctionnaire du Quai d'Orsay, il siège, à 33 ans, à la commission de la Défense, où il suit, entre autres, l'équipement des forces françaises. En cinq mois de législature, il a rencontré de nombreux industriels et s'est déjà exprimé publiquement en commission au sujet du soutien à l'exportation, le fameux SOUTEX. Lorsque je me rends rue de l'Université, dans la salle de réunion de l'Assemblée nationale où nous avons convenu de nous retrouver, il sait parfaitement qui je suis. Il connaît l'objet de mon enquête. Nous avons même envisagé de visiter ensemble l'usine de Naval Group à Brest, sa circonscription.

Alors que nous attendons le député, je fais la conversation à son attaché parlementaire. Assistait-il déjà son prédécesseur à la commission Défense ? Le jeune homme m'apprend qu'il a été formé aux « affaires publiques »…

« C'est-à-dire ?

– Ben, lobbyiste… Mais dans l'industrie pharmaceutique… »

Jean-Charles Larsonneur nous rejoint.

J'ai à la main le rapport au Parlement 2017 et quatre pages de questions. Cela fait alors des mois que l'exécutif m'oppose un silence buté. J'espère obtenir du député quelques réponses. Un caméraman m'accompagne. Il va enregistrer l'essentiel de notre conversation. Cette séquence du documentaire fera polémique, et sera abondamment partagée sur Twitter après la diffusion. Plusieurs titres en ligne ne manqueront pas de souligner la « désarmante légèreté » de ce député. En voici le verbatim.

« Monsieur le député, qu'apprend-on dans ce rapport au Parlement sur ce que nous avons vendu à l'Arabie Saoudite ? Que nous a-t-elle commandé l'année dernière exactement ? »

Jean-Charles Larsonneur me lance un regard paniqué.

« Là, il faudrait vraiment que je regarde précisément. Alors, l'Arabie Saoudite... »

Le député parcourt le document.

« Là, c'est l'évolution. Là, les catégories... C'est la première fois que je le regarde, alors ce n'est pas un exercice très facile... Vous, vous l'avez bien compulsé, j'imagine... »

Je m'étonne.

« Pourquoi est-ce la première fois que vous le regardez ?

– Pourquoi est-ce la première fois ? Là, c'est franchement... »

Il faut imaginer un homme jeune et plutôt sympathique. Son regard douloureux. Mon ton désolé et ses sourires navrés. Il souhaite couper court à l'enregistrement.

« Non, on ne va pas le faire comme ça. Je veux bien qu'on arrête, si ça vous dérange pas... »

Comment est-il possible que ce député n'ait pas lu ce rapport alors que tant de questions se posent à propos des ventes d'armes à l'Arabie Saoudite et à l'Égypte ? Comment un parlementaire, membre de la commission de la Défense, peut-il avoir négligé un tel document ?

Pour tenter de sauver de cette rencontre ce qui peut l'être encore – et aussi parce qu'une gêne immense s'est installée entre nous et que je ne sais que faire d'autre –, je lui propose de poursuivre l'interview sur d'autres sujets « défense ». Je bredouille quelques questions. Le député égrène des éléments de langage sur la BITD – la Base industrielle et technologique de défense, cette merveilleuse trouvaille des communicants –, sur les emplois que génèrent ces industries. Il semble retrouver son aplomb. Je ne l'écoute plus vraiment, déstabilisée par sa désinvolture. Soudain il retrouve toute mon attention. Devant la caméra, Jean-Charles Larsonneur brandit le rapport, celui qu'il n'a donc pas ouvert, et enchaîne les poncifs. « Transparence », « avancée pour les parlementaires », « source d'informations ». Avant de conclure avec audace :

« Cela permet d'avoir une idée assez précise de ce qui est vendu à tel ou tel pays. »

Se pourrait-il qu'il se foute de moi ? Je reviens à la charge à propos de l'Arabie Saoudite. Pense-t-il que de l'armement français puisse être retrouvé sur un site de crime de guerre au Yémen ? Est-ce que cela l'inquiète ?

« Évidemment que la question est posée... Je ne veux pas m'exprimer sur ce sujet... pardon... Non, mais... Enfin, je... Je veux bien répéter la position du Quai d'Orsay. Mais je ne suis pas un spécialiste du Yémen et de la relation avec l'Arabie Saoudite... »

Son assistant intervient d'une voix blanche :

« Au Yémen, il y a des canons Caesar qui font le sale boulot, et des blindés Nexter.

– C'est ça, votre sujet, marmonne Jean-Charles Larsonneur dans un sourire crispé. Il y a peut-être un déficit en France de contrôle par le Parlement sur ce type d'exportations militaires… »

Le caméraman s'éloigne. Le député, qui ignore être encore filmé, retrouve un peu d'assurance.

« Si on pose le débat sur le fond, sans exportation, on n'a plus d'industrie de défense. Donc on perd notre souveraineté en termes d'outil militaire. Mais c'est cornélien, en réalité, parce qu'effectivement on vend à des pays pas très recommandables. Et oui, l'absence de ce débat en tant que tel en France pose vraiment question. Je trouve que vous avez un bon sujet… J'aimerais bien être à votre place.

– Pas moi, soupire son collaborateur. Vous devez vous heurter à un mur. »

Au lendemain de la diffusion du documentaire, le député Larsonneur a réagi sur son blog. Pour expliquer sa méconnaissance du rapport, il avance qu'à cette date celui-ci « n'avait pas été présenté à l'Assemblée nationale ». C'est partiellement vrai. Florence Parly, la ministre des Armées, n'est pas venue en personne répondre aux questions des élus, mais le document a bien été communiqué aux députés et le site du ministère l'a bien mis en ligne cinq mois plus tôt. Jean-Charles Larsonneur fustige également l'aspect simplificateur du documentaire « dans son ensemble » et, le concernant, la « malhonnêteté du montage, du choix des extraits sélectionnés et du séquençage retenu, pour le moins orienté ».

Il a raison. Un montage induit une multitude de choix. J'aurais pu garder d'autres phrases. Par exemple, celles-ci, de la bouche de son assistant :

« Ces questions se décident au Château [l'Élysée], c'est la Ve République. Ce ne sont pas les petits députés qui ont leurs petits bureaux au 101, rue de l'Université qui vont faire quelque chose, ah non… »

Ou bien celle-là, toujours de son collaborateur qui a, lui, manifestement, tenté de lire le rapport :

« Il est fait pour noyer les députés de chiffres, pour qu'on s'y perde. C'est leur stratégie. Mais on est dans la majorité, ce serait malvenu de le dire comme ça… »

J'aurais pu aussi conserver certains commentaires du député :

« Est-ce que démocratiquement, c'est satisfaisant ? Non. Écoutez, on va en faire plus. Je comprends parfaitement vos questions, elles sont totalement légitimes, mais là, j'ai pas les armes, sans faire de mauvais jeu de mots. »

Le texte publié sur son blog se termine par cet appel à renforcer l'information du Parlement. « Je propose dans un premier temps la présence à titre d'observateur d'un député et d'un sénateur au sein de la CIEEMG… »

Mais pas un mot de la demande de commission d'enquête réclamée par des dizaines d'autres élus depuis des mois. Car contrairement à ce que m'ont laissé entendre mes deux interlocuteurs, il s'élève bien sur ce sujet des voix discordantes dans l'hémicycle.

Au sein même du parti d'Emmanuel Macron.

*

Le 6 avril 2018, Sébastien Nadot, député de La République en marche de Haute-Garonne, et vingt-quatre autres élus de la majorité (mais pas Jean-Charles Larsonneur) ont, en effet, déposé une demande de commission d'enquête parlementaire. « Nous voulons savoir si des armes françaises sont utilisées au Yémen, si la France respecte les traités qu'elle a signés, et plus largement nous voulons un meilleur contrôle de nos exportations, m'explique Sébastien Nadot. Aucun des pays occidentaux ne refoule comme la France le débat sur les ventes d'armes. Ce sont dans ces espaces de non-dits que le doute, puis la défiance s'installent. »

Pour que cette proposition de résolution puisse aboutir, elle doit d'abord recevoir l'aval du groupe La République en marche, dirigé par Richard Ferrand, puis être examinée par la commission des Affaires étrangères. Une fois jugée recevable, elle sera soumise au vote de l'Assemblée nationale.

Trois mois plus tard, le nombre de signataires a considérablement augmenté, renforcé par des députés de La France insoumise, du Modem et des communistes. La procédure, elle, est au point mort.

Au début de juillet 2018, le député Nadot fulmine :

« Quand je demande des éléments sérieux au SGDSN ou au cabinet du Premier ministre, on me répond : “Secret-défense.” Au fond, ils refusent la logique du contrôle parlementaire. C'est aussi simple que cela. Il y a beaucoup de mépris : “Vous ne comprendrez rien aux questions stratégiques”, “Ne jouez pas contre votre camp", "La commission d'enquête ne nous fait pas peur mais vous n'aurez accès à rien". Quand je leur réponds que c'est le Parlement qui légifère sur la levée ou non du secret-défense, ça les rend nerveux… »

L'élu égrène les différentes entraves à l'exercice parlementaire.

« Marielle de Sarnez, la présidente de la commission des Affaires étrangères, pourrait très bien s'emparer du sujet et demander cette commission d'enquête. Cela dit, même si on passait ce barrage-là, la présidence du groupe En Marche à l'Assemblée bloquerait à son tour. Mais il faudra alors que notre parti explique pourquoi il refuse la transparence. Au fond, cela pose la question des droits du Parlement. Au départ, je n'avais pas un intérêt particulier pour les ventes d'armes. Mais plus j'avance, plus je m'aperçois qu'elles sont au cœur du fonctionnement de notre République. On vend des bombes, des munitions, des canons, c'est-à-dire des armes offensives à l'Arabie Saoudite : j'ai découvert des livraisons au moins jusqu'en 2017. Des contrats de maintenance continuent d'être signés. Comment peut-on continuer à donner des leçons au monde ? Comment espérer que la voix de la France porte encore ? »

Sébastien Nadot est parti en croisade. Les ONG s'inquiètent. « Il est tout seul, très exposé médiatiquement. Comment va-t-il tenir ? »

*

Le 1er juin 2018, le nouveau rapport au Parlement sur les exportations d'armement aurait dû être transmis au Parlement. C'est la date limite annuelle prévue par la loi de programmation militaire votée sous le quinquennat Hollande.

Or, ce jour-là, la République française a mieux à faire.

Dans la cour d'honneur des Invalides, elle déroule ses fastes militaires, roulements de tambours, chœur de l'armée française. Deux anciens présidents de la République, Nicolas Sarkozy et Valéry Giscard d'Estaing, la ministre des Armées, Florence Parly, de nombreux chefs d'état-major, plusieurs anciens ministres de la Défense, dont Michèle Alliot-Marie, et un parterre de politiques de tous bords sont rassemblés pour honorer la mémoire de Serge Dassault, décédé à 93 ans. L'éloge funèbre est prononcé par Édouard Philippe, le Premier ministre. « En servant son entreprise, Serge Dassault n'a jamais cessé de servir son pays. » Dix polytechniciens portent son cercueil. Un Falcon et deux Rafale de l'armée de l'air survolent Paris.

Il faudra plus d'un mois au ministère des Armées pour rendre public le nouveau rapport sur les exportations d'armement. Il révèle une chute spectaculaire des ventes « en raison notamment du "ralentissement économique qui a touché la plupart des pays producteurs de pétrole[2]"... »

2. Rapport au Parlement 2018.

Mais les livraisons d'équipement militaire à l'Arabie Saoudite ont, elles, continué d'augmenter : près de 40 % de plus qu'en 2016, soit plus de 1,3 milliard d'euros de matériels de guerre.

Le Royaume saoudien demeure ainsi le deuxième client de la France, toujours devancé par l'Égypte[3].

3. 60 % des prises de commande proviennent du Proche-Orient et du Moyen-Orient. Le Koweït, le Qatar, les Émirats arabes unis (EAU), l'Arabie Saoudite et l'Inde sont les meilleurs clients pour les prises de commande.

18

LA FRANCE D'EMMANUEL MACRON

> «Sur l'Égypte, le mot d'ordre c'est "vendre". Personne ne nous dit de nous calmer.»
>
> S. E.

«LA DOCTRINE ACTUELLE, QUI EST EN FAIT UNE ABSENCE de doctrine, et consiste simplement en une commercialisation à marche forcée des armements français, n'est pas tenable. On fait peut-être trop d'exportations d'armement...»

Un journaliste gauchiste ?

Un activiste pacifiste ?

Pas du tout.

Le candidat Emmanuel Macron lui-même, lors d'un arbitrage effectué en sa présence et en celle de ses proches conseillers (Alexis Kohler, Ismaël

Emelien, Aurélien Lechevallier), au cours d'une réunion de campagne du 23 décembre 2016. Cet extrait est tiré des « MacronLeaks[1] », où l'on découvre que le candidat Macron envisage très sérieusement de changer drastiquement notre politique de vente d'armes :

« EM [Emmanuel Macron] considère que s'il doit porter cette proposition, il faut indiquer plus clairement les critères de choix, et les pays qu'on serait prêts à abandonner (Arabie Saoudite, Qatar… ?). […] N'est-ce pas dangereux de contribuer à armer des pays qui, indépendamment de la question des valeurs (droits de l'homme, etc.), peuvent être gouvernés demain de façon déraisonnable ? (cf. la Libye.) »

Dans une autre pièce jointe datée du 21 décembre 2016, sous la plume d'Hervé Grandjean, l'un de ses conseillers défense, on peut lire ces mots plus étonnants encore :

« [Il faut] adopter une politique d'exportations d'armements en cohérence avec les valeurs de la France […] Ces excellents résultats [de nos entreprises] sont obtenus auprès de nations qui ne partagent pas toujours pleinement certaines valeurs de la France. Tel a été à nouveau le cas en 2015 : 24 [Rafale] (et armements associés) commandés par le Qatar, et autant par l'Égypte. Il est proposé d'être davantage

1. À la veille du second tour de la présidentielle, dans la nuit du 5 au 6 mai 2017, des milliers d'e-mails de l'équipe de campagne d'Emmanuel Macron avaient été piratés et diffusés sur le forum anonyme et controversé 4Chan. Une enquête judiciaire avait été ouverte dans la foulée. Le site Wikileaks les a, à son tour, relayés dans leur intégralité et dotés d'un moteur de recherche permettant de naviguer dans ces milliers de pages.

regardant sur l'adhésion des pays acheteurs aux valeurs humanistes. »

J'ai cherché à vérifier ces informations. Aucune des personnes évoquées dans ces e-mails n'a pris la peine de me répondre. Hervé Grandjean, devenu conseiller pour les affaires industrielles de la ministre des Armées Florence Parly, me l'a répété par téléphone : « Pour une interview, on vous a déjà dit non… »

Si le candidat Macron a, effectivement, souhaité infléchir la politique française en s'opposant à celle menée par François Hollande, pourquoi le même homme, alors ministre de l'Économie d'août 2014 à août 2016, et patron à ce titre de l'un des trois ministères décisionnaires en CIEEMG, n'a-t-il jamais fait entendre ce désaccord ?

Et surtout, qu'a fait le président élu de ces vœux de campagne ?

À l'Élysée, la communication n'a pas évolué. « Vous, vous avez vos questions. Nous, nous ne sommes pas obligés de commenter les questions que vous nous posez… », grommelle au téléphone le chef du service presse de l'Élysée en janvier 2018.

Un mois plus tard, l'administration me fera parvenir ce seul message sans appel. « Les informations que vous sollicitez concernent les décisions prises dans le cadre de l'exportation de matériels de guerre. Celles-ci relevant du secret de la défense nationale et de la conduite de la politique extérieure de la France, il ne nous est pas permis de les communiquer… » Mes demandes ultérieures demeureront lettre morte.

Pourtant, une fois installé à l'Élysée, Emmanuel Macron avait envoyé un signe fort aux industriels de l'armement en démantelant la puissante « équipe France ». Et Cédric Lewandowski, le très craint directeur de cabinet de Jean-Yves Le Drian, avait été contraint de retourner dans son entreprise d'origine, EDF. Mais l'ossature de ladite équipe est restée intacte, au cœur de l'administration, au ministère des Affaires étrangères cette fois, dont Jean-Yves Le Drian a pris la tête. Luis Vassy et Jean-Claude Mallet, ses deux conseillers, sont toujours à ses côtés. Et on ne sait plus très bien qui de Le Drian ou de Parly vend les armes de la France.

À la sous-direction du Contrôle des armements au Quai d'Orsay, on me décrit au printemps 2018 une atmosphère pesante : « Nos objections concernant les exportations vers l'Arabie Saoudite sont systématiquement déboutées. Dans le service, on ressasse la quadrature du cercle : comment faire encore avancer les droits de l'homme ? Aujourd'hui, on se concentre sur la promotion du contrôle des armes légères[2]. C'est plus simple, la France n'en produit quasiment pas. »

Entre-temps, notre dépendance stratégique à l'Arabie Saoudite s'est encore accentuée. Le Royaume a promis 100 millions d'euros à la force G5 Sahel – une initiative du président Macron pour stabiliser cette

2. Plus de 800 millions d'armes légères et de petit calibre (ALPC) seraient en circulation dans le monde, à l'origine de près d'un demi-million de morts par an. La communauté internationale s'est mobilisée pour réguler ce commerce : contrôle du transfert et du marquage des armes, sécurisation des stocks, munitions comprises et destruction des surplus. La France a lancé une initiative internationale qui vise à lutter contre le transport aérien illicite des ALPC.

immense zone désertique qui aspire avec l'opération *Barkhane* une partie des moyens militaires de la France. Cette somme pourrait permettre d'équiper notamment les forces armées des pays impliqués : Tchad, Niger, Burkina Faso, Mali et Mauritanie, incités à acheter pour cela des armes françaises.

Peut-on vraiment contrarier un si bon allié ?

Début 2018, une autre source au ministère des Affaires étrangères me confie son immense inquiétude. « Il y a une vraie crainte dans l'appareil d'État qu'on retrouve des armes françaises – qu'il y ait un élément de preuve, des photos notamment, sur le site d'un crime de guerre au Yémen… C'est très grave de violer un engagement international. Mais personne ne vous parlera en *in*, il y a une omerta totale au sein de l'administration. Encore plus maintenant que Jean-Yves Le Drian est à la tête du Quai d'Orsay. Et le secret-défense couvre tout, c'est très puissant. Il n'y a qu'un scandale qui ferait réagir les politiques. »

*

Le 2 octobre 2018, dans un quartier tout à fait tranquille d'Istanbul, ce scandale est sur le point d'éclater… Ce mardi-là à 13 h 14, l'éditorialiste saoudien Jamal Khashoggi pénètre dans les locaux de son consulat.

Jusque-là fidèle héraut du régime, il est proche des clans que le nouveau maître de Riyad, Mohammed ben Salmane, MBS, réprime depuis plusieurs mois avec beaucoup de brutalité.

Un an plus tôt, il a choisi de quitter son pays pour trouver refuge aux États-Unis. Dans les colonnes du *Washington Post*, il ne cesse de fustiger le prince héritier.

La suite de ce 2 octobre 2018 procède, selon le gouvernement turc, d'une élimination en règle, d'une sauvagerie folle, dont les détails distillés dans la presse turque – corps supplicié, corps démembré, corps brûlé à l'acide – mettent le monde en émoi.

Plus encore que le meurtre, la réaction du Royaume saoudien, ses dénégations, ses versions multiples et mensongères sèment le trouble. Est-ce là le vrai visage de l'Arabie Saoudite ? Est-ce là notre allié ?

La guerre au Yémen ressurgit et dans toutes les capitales occidentales la question des ventes d'armes à Riyad se pose soudain avec une nouvelle acuité.

Le débat, jusque-là archiconfidentiel en France, va-t-il s'imposer ?

Dix jours après le meurtre, le 12 octobre 2018, le président Emmanuel Macron est interviewé par France 24/RFI à l'issue du sommet de la Francophonie. Interrogé sur cette affaire qui scandalise le monde, il déclare :

« Il est faux de dire que l'Arabie Saoudite est un grand client de la France dans quelque domaine que ce soit… »

Le journaliste ne relève pas. Le président y met un tel aplomb. Comment imaginer cet incroyable arrangement avec la réalité ? Comment affirmer mensonge plus éhonté ? Il est pourtant si facile de vérifier.

Les chiffres du rapport au Parlement sont produits par son propre ministère des Armées : le Royaume saoudien est bien notre deuxième client pour les livraisons. Le premier pour les licences accordées, le quatrième pour les prises de commande. C'est donc bien un « grand client » de notre pays.

Sur France 24, interrogé à propos de la guerre au Yémen, le président Macron ajoute : « J'ai pu moi-même recevoir les ONG il y a quelques semaines et échanger sur ce sujet. Nous ne faisons pas partie des fournisseurs sur ces matières-là, de l'Arabie Saoudite sur ce conflit… »

Des organisations de défense des droits de l'homme avaient fini, en effet, par obtenir audience à l'Élysée en septembre 2018. Mais plusieurs personnes présentes à cette réunion me l'ont affirmé : à aucun moment le président ou son ministre des Affaires étrangères, Jean-Yves Le Drian, n'ont donné d'informations de nature à les rassurer quant à l'utilisation d'armes françaises dans cette guerre. Un représentant d'ONG qui préfère rester anonyme ne décolère pas : « Ils ont même fait semblant de ne pas savoir ce qu'était l'étude demandée par Amnesty International et l'ACAT au cabinet Ancile. » Celle-là même qui estimait que Paris s'exposait à un risque juridique « élevé » en livrant à Riyad et aux Émirats arabes unis du matériel militaire. Une étude publiée six mois auparavant, reprise et commentée par la plupart des quotidiens français.

« Le Drian et Macron se sont regardés. Ils ont secoué la tête : "Jamais entendu parler…" On est repartis avec l'impression qu'ils se foutaient un peu de nous. »

L'onde de choc de l'affaire Khashoggi, et les sordides révélations que les services turcs distillent avec un certain savoir-faire n'en finissent pas de bousculer l'appareil d'État français. Ce malaise s'illustre crûment le 23 octobre – jour de la diffusion de notre documentaire sur France 5.

En début d'après-midi, Emmanuel Macron se rend à Euronaval, un autre grand salon de l'armement, dédié à l'industrie militaire navale, qui se tient près de Paris. La veille, le gouvernement allemand a appelé l'Europe à suspendre les ventes d'armes à l'Arabie Saoudite. Angela Merkel, la chancelière, a fait des déclarations très fortes pendant le week-end. Mais face aux journalistes venus l'interroger, Emmanuel Macron s'emporte : « Ce n'est pas le lieu. Ce n'est pas parce qu'un dirigeant dit quelque chose que je suis censé réagir à chaque fois. Donc je ne vous répondrai pas. [...] Si les sujets qui sont liés à ce qu'on est en train de voir ne vous intéressent pas, n'y venez pas [...] Ça n'a rien à voir avec le sujet... » Un salon de vente d'armes n'est-il pas le lieu idéal, au contraire, pour évoquer ces questions ? Son coup de sang est repris par les réseaux sociaux et dans tous les médias.

Trois jours plus tard, lors d'une conférence de presse, le président français opposera une fin de non-recevoir très ferme à la demande des autorités allemandes : « Moi, je suis très admiratif envers ceux qui, avant de savoir, disent : "On ne vendra plus d'armes." Mais ils en vendent déjà parfois plus que la France, à travers les joint-ventures qu'ils ont[3]. Et quel est le rapport entre les ventes d'armes et M. Khashoggi ? Je comprends le lien avec le Yémen mais il n'y en a aucun avec M. Khashoggi. [...] C'est pure démagogie que de dire d'arrêter les ventes d'armes, [ça n'a] rien à voir avec M. Khashoggi. »

Pendant plusieurs jours, le gouvernement devra répondre aux médias français. Chaque interview donne lieu chez nos dirigeants à de douloureuses contorsions avec la réalité. « Nos armes sont vendues de manière modérée, on exagère beaucoup la relation militaire entre la France et les Saoudiens [...]. Nos relations sont limitées à la flotte que vous avez évoquée tout à l'heure... », déclare ainsi Jean-Yves Le Drian le 12 novembre 2018 sur France 2.

Curieux dans la bouche d'un homme qui a tant fait pour vendre à Riyad...

L'exercice pour les ministres devient de plus en plus périlleux. Les échanges avec les journalistes de plus en plus savoureux... Ainsi Florence Parly, invitée de Jean-Jacques Bourdin sur BFMTV[4] :

FLORENCE PARLY : Ces armes ont été vendues il y a plus de vingt ans [...] Nous n'avons pas de négociation avec l'Arabie Saoudite.

JEAN-JACQUES BOURDIN : Le président de la République va se rendre en Arabie Saoudite.

---

3. L'Allemagne n'est pas, non plus, exempte d'une certaine hypocrisie : la presse italienne a par exemple révélé qu'une usine de Sardaigne d'où partaient des bombes à destination de l'Arabie Saoudite était en réalité une filiale de la société allemande Rheinmetall.

4. BFMTV, 30 octobre 2018.

Florence Parly : C'est possible.

Jean-Jacques Bourdin : Oui, c'est même certain. Avant la fin de l'année. Est-ce qu'il va signer de nouveaux contrats ?

Florence Parly : Mais monsieur Bourdin, je ne le sais pas. Vous me posez des questions comme si j'étais madame Irma !

Jean-Jacques Bourdin : Vous n'êtes pas madame Irma mais vous êtes ministre des Armées, donc vous savez où on va vendre des armes et où on est en train de négocier la vente d'armes.

Comment peut-elle prétendre tout ignorer des négociations actuelles ?

D'où sortent donc ce 1,3 milliard d'euros de livraisons d'armes, les 14,7 milliards d'euros de licences octroyées et les 626 millions d'euros de prises de commande ?

Quid des canons Caesar qui seront livrés en 2019, des munitions, des contrats de MCO… ? *Quid* de son voyage en Arabie Saoudite au cours de l'été pour appuyer des négociations, notamment celles de CMN ? Selon un membre du ministère des Armées, Nexter aurait récemment signé un contrat de vente de blindés 6×6 longtemps resté en suspens. L'Arabie Saoudite serait aussi devenue le premier client export du tout dernier missile antichar MMP (Missile moyenne portée) de MBDA : « Il n'est pas encore entré en vigueur mais, comme pour les blindés de Nexter, il s'agit d'équipements destinés à la SANG, la Garde nationale du Royaume, mobilisée dans la guerre au Yémen. Airbus serait également en discussion pour vendre de nouveaux avions ravitailleurs A330 MRTT à l'armée de l'air saoudienne. Eux aussi sont impliqués au Yémen. »

Alors que je termine ce livre, Aymeric Elluin me communique un document fascinant rendu public par des parlementaires britanniques en charge du contrôle des exportations d'armement. Le ministère britannique du Commerce leur a fourni une liste de 460 composants militaires exportés, depuis le début du conflit au Yémen, vers des pays tiers avec pour destinataires ultimes, l'Arabie Saoudite et les Émirats arabes unis. Parmi eux, près d'une centaine est destinée à l'industrie française de l'armement et vendue *in fine* à l'Arabie Saoudite. Selon Aymeric Elluin, là est « la preuve écrite que Paris a fourni notamment des pods après 2015 à l'Arabie et aux EAU. C'est le premier document officiel qui permet de déconstruire le discours du gouvernement français. Quand Le Drian dit que la France ne fournit rien à la chasse saoudienne, voilà la preuve qu'il ment. Sans compter tout le reste : maintenance navale, fourniture de blindés ARIVE et VAB Mk3... C'est frappant de constater que ce document a surgi grâce aux efforts de transparence de parlementaires ».

En effet, le patron du Quai d'Orsay avait affirmé, le 13 février 2019, devant la commission des Affaires étrangères : « L'action de l'Arabie Saoudite s'effectue essentiellement par voie aérienne et nous ne fournissons rien à l'armée de l'air saoudienne. Il vaut mieux que les choses soient dites une fois pour toutes afin d'éviter de revenir à chaque fois sur ce sujet. »

Pourquoi ces mensonges ?

*

Le sommet de l'État redoute pourtant toutes ces questions. Dans l'ombre du pouvoir, quelque chose a changé. Les crimes de guerre commis par les Saoudiens ne sont plus contestés. « Oui, bien sûr, il y a un malaise. Parfois, je me demande ce que je fais là…, murmure une source au cœur de l'appareil d'État. C'est devenu un sujet. Dans leur conduite de la guerre, les Saoudiens sont dans les choux. C'est n'importe quoi. Il y a déjà eu deux conseils de Défense sur ce thème à l'Élysée. » L'un d'eux s'est même tenu le 3 octobre, au lendemain de la mort de Jamal Khashoggi. « Le président demande à ce qu'on ne se mette pas en infraction avec le TCA. Et qu'"en même temps", on maintienne les ventes liées aux capacités stratégiques de l'Arabie Saoudite. Pour les détails, à nous de nous débrouiller… »

À la mi-avril 2019, quelques mois après ce conseil de Défense, particulièrement sensible, un média en ligne d'investigation, Disclose[5] a divulgué un document préparatoire, de quinze pages, rédigé par la Direction du renseignement militaire (DRM) et classé « Confidentiel-Défense spécial France ». Intitulé « Yémen : situation sécuritaire », ce rapport dresse notamment la liste des armes françaises vendues à la coalition arabe et déployées sur la zone de conflits. Cette liste en répertorie trois types.

5. Voir note 2, p . 99.

D'abord les armes opérant au Yémen :

– des hélicoptères Cougar pilotés par les Saoudiens ;

– des avions A330MRTT employés à la fois par les Saoudiens et les Émiratis ;

– des pods Damoclès (guidage des bombes) utilisés de manière certaine par les Émiratis et probable par l'aviation saoudienne ;

– des chars Leclerc et leurs obus-flèche et explosifs ;

– des hélicoptères Panthère et Dauphin mis en œuvre depuis les navires saoudiens.

Ensuite, la flotte « participant », selon les propres termes de la DRM, « au blocus naval du Yémen » :

– des navires Al Madinah et Makkah de Naval Group, employés par les Saoudiens ;

– des corvettes Baynunah fabriquées par CMN à Cherbourg, employées par les Émiratis.

Le matériel déployé le long de la frontière avec le Yémen, côté saoudien :

– des chars AMX30 ;

– des chars AMX10P ;

– des radars de contre-batterie Cobra ;

– et quarante-huit des fameux canons Caesar fabriqués à Bourges.

Cette synthèse de la DRM contredit, de manière flagrante, les déclarations officielles, notamment celles de Florence Parly lorsqu'elle affirme que les Caesar ne sont utilisés qu'à titre défensif. Son rédacteur note, au contraire, qu'ils « appuient les troupes loyalistes et les forces armées saoudiennes dans leur progression en territoire yéménite ». Ce texte est assorti de cartes, dont l'une, intitulée « Populations sous la menace des bombes», signale par de larges cercles concentriques la portée des canons («42 kilomètres») pointés vers trois zones habitées du Yémen. La légende renseigne sur «La population potentiellement concernée par de possibles frappes d'artillerie». Son chiffre – 436 370 personnes – glace le sang.

Sur ce point précis des canons Caesar, Disclose a également dévoilé une image satellite sur laquelle sont identifiables dix d'entre eux, stationnés dans le port saoudien de Djeddah. Selon les journalistes-enquêteurs, cette photo a été prise six jours après le débarquement des canons du bateau de la compagnie nationale saoudienne, le *Bahri Jazan*. On était alors le 12 octobre 2018 et le navire avait quitté le port du Havre trois semaines plus tôt, le 24 septembre. Florence Parly ne jouait-elle pas sur les mots en affirmant, au cours de l'été, devant les députés, que ces armes avaient été vendues avant l'offensive? La France a les moyens de bloquer une livraison. Si elle ne le fait pas, c'est par choix.

Par ailleurs, Disclose affirme, sur la foi d'un plan de livraison confidentiel de la société Nexter, que 105 canons Caesar seront transférés à l'Arabie Saoudite d'ici à 2024 (dont 19 en 2019).

Enfin, le document classé «Confidentiel-Défense» recense les autres types de matériels français pour lesquels la DRM signale ne posséder aucune information sur leur emploi ni sur leur localisation. Parmi eux: deux mortiers de 120 millimètres (RTF1, 2R2M), de l'artillerie de 155 et de 105 millimètres et des missiles antichar Milan 3. Comme l'admet l'auteur de cette note : « La DRM n'est pas en mesure d'évaluer de manière précise le dispositif saoudien actuel à la frontière du fait d'un manque de capteurs dans la zone. » C'est cette même DRM qui, dix-huit mois plus tôt, au début de l'année 2017, avait si bien rassuré l'Élysée sur le fait que les munitions de 120 millimètres de Thales comme celles de 155 millimètres de Nexter ne seraient pas utilisées au Yémen. Et qu'ainsi le contrat Donas – détourné du Liban vers l'Arabie Saoudite – ne poserait aucun problème.

L'examen de ce rapport en conseil de Défense a eu une première conséquence, selon ma source au plus haut niveau de l'État. « Concrètement, on va commencer par mettre plus de capteurs sur la zone pour bien vérifier où sont nos équipements. Et à quoi ils servent. » L'un de mes contacts au Quai d'Orsay me confirme cette information. « Oui, la France manque de capteurs dans la zone et n'est pas en mesure d'évaluer de manière précise le dispositif saoudien. Il faudrait 50 personnes à temps plein pour surveiller toutes nos armes. Même l'industriel Thales s'est inquiété en juillet 2018 des licences que nous lui avons accordées : "Vous continuez à nous donner des autorisations pour les obus de 120 millimètres. Êtes-vous bien certains de ce que vous faites ?" Le risque existe, il est assumé, mais seule une photo, une preuve publique contraindrait la France à changer sa politique, déplore ce haut fonctionnaire. C'est la terreur de l'exécutif, conclut-il, mais à ma connaissance les munitions de 155 millimètres ou de 120 millimètres laissent peu de traces… Un reste de ceinture de forcement, le débris d'un culot. Ce sera beaucoup moins facile à identifier que les bouts de missiles américains trouvés sur les sites de bombardements aériens… »

Ce risque, une photo liant la mort d'un civil à une arme française, l'Élysée tente désormais de le circonscrire. « On va arrêter de donner des licences pour les munitions de 155 millimètres utilisées pour les canons Caesar. C'est trop dangereux…, poursuit ma source au sein de l'exécutif. Nexter avait fait une demande de nouvelles licences saoudiennes en février 2018, nous avions choisi jusque-là de ne pas répondre, nous pouvons le faire pendant neuf mois. Désormais, notre silence équivaut à un refus implicite. » Lorsque je rétorque que le veto allemand mettait déjà en péril la fabrication de ces munitions en privant l'industriel français des poudres nécessaires à leur élaboration, le regard de mon interlocuteur se fait impénétrable…

Selon cette source, il n'y aura aucune autre suspension de licence. « On ne fera rien de plus frontal contre l'Arabie Saoudite. »

En clair, la France ne s'opposera pas à la livraison, au début de 2019, des nouveaux canons Caesar toujours en fabrication à Bourges. Sur place, leur maintenance assurée par la France pourra également se poursuivre. De même pour l'entretien des bateaux de Naval Group impliqués dans le blocus d'Hodeïda, que de nombreuses ONG tiennent pour responsable de la situation alimentaire critique au Yémen. Tout comme se poursuivra la vente des navires CMN susceptibles de participer au blocus des ports. Rien non plus ne sera fait pour freiner les négociations sur les nouveaux avions ravitailleurs Airbus. « Il existe pourtant des images de ces avions en vol. Il n'est pas possible lors des ravitaillements de faire la distinction entre les avions de la chasse saoudienne qui frappent des cibles militaires légitimes et ceux impliqués dans les bombardements de civils, constitutifs de crimes de guerre. Par défaut, ces avions en sont complices, affirme l'enquêtrice de l'ACAT, Hélène Legeay. Pourquoi continuer ainsi ? »

Si l'Arabie Saoudite inquiète désormais certains hauts fonctionnaires, les obligeant à une surveillance serrée, les consignes pour les Émirats arabes unis ne laissent place à aucune ambiguïté. Pour ce pays, « la France laissera tout passer. L'Élysée estime que leurs règles d'engagement ne posent aucun problème », m'assure ma source interne à l'actuel exécutif. Des décisions politiques qui s'inscrivent dans une perspective beaucoup plus large. « Au bout du bout, le but est de garder cette place de troisième ou quatrième producteur mondial et que l'armée européenne se fasse avec nous. Alors, on continue et on assume, déplore un haut fonctionnaire du Quai d'Orsay. Le calcul est que la guerre au Yémen ne durera plus très longtemps. Un an tout au plus. Après viendra le temps où on cherchera les responsabilités. Et on jouera alors au mistigri pour savoir qui, au sein de l'appareil d'État, a pris toutes ces décisions d'exportation… »

Le 22 janvier 2019, la commission des Affaires étrangères de l'Assemblée nationale a accueilli l'ambassadeur d'Arabie Saoudite en France. Khalid al-Ankary a répondu aux nombreuses questions dont le pressaient les parlementaires. À celles portant sur l'emploi d'armes françaises au Yémen, il a opposé un démenti catégorique : « Ce qui est transmis par certains médias et les rumeurs qui sont colportées et qui disent que les armes sont utilisées pour tuer des civils, ceci est tout à fait faux et erroné. »

À l'heure où je termine ce livre, malgré les appels du secrétaire général de l'ONU et de diverses chancelleries occidentales, malgré de premières discussions de paix menées en Suède, la population civile du Yémen vit toujours un martyre…

*

La France se montrera-t-elle « davantage regardante sur l'adhésion des pays acheteurs aux valeurs humanistes » comme le suggérait le document de campagne d'En Marche à propos de l'Égypte ?

« En interne, il y a une toute petite prise de conscience que cette politique industrielle coûte de plus en plus cher politiquement », m'informe S. E., ma source au sein de l'armée. « Mais le mot d'ordre c'est "vendre". Personne ne nous dit de nous calmer. Nous espérons signer bientôt la deuxième commande de Rafale ainsi qu'un contrat pour des hélicoptères de combat Caracal. » De fait, l'Égypte a conservé sa place de premier client en termes de livraisons d'armes au cours de la première année du quinquennat Macron.

« Toutes les réunions commencent par "l'Égypte est notre partenaire stratégique", mais plus personne ne sait ce que signifie cette formule. On répète que c'est le dernier pays stable de la région, qu'il faut l'aider. Certes. Mais les modalités de cette aide sont absurdes, hypocrites et dangereuses. La DRM n'a pu que constater l'avarice des services égyptiens. Rien n'a pu vaincre à ce stade la culture paranoïaque des services. Seule la DGSE tire profit de cette alliance pour ses actions en Libye. »

Lorsqu'en septembre 2018 Emmanuel Macron a reçu des ONG sur le thème des droits de l'homme, il s'est montré très clair : la France aura besoin d'Al-Sissi tant que la stabilité ne sera pas revenue en Libye. Et ce malgré l'indignation du personnel du Quai d'Orsay. « La situation est critique pour les activistes des droits de l'homme. Les arrestations se multiplient ces dernières semaines. On n'arrive pas à savoir où ils sont emmenés… On ne peut quand même pas imaginer le président faire une jolie croisière sur le Nil dans ces conditions ! » s'étranglait l'une de mes sources au ministère des Affaires étrangères alors que se profilait la première visite d'État au Caire d'Emmanuel Macron.

La France parviendra-t-elle au moins à obtenir la libération des prisonniers les plus emblématiques : Ibrahim Metwally, cet avocat arrêté en septembre 2017, ou l'acquittement de la femme de Mohamed Lotfy ? Au ministère des Affaires étrangères, cette même source s'en émeut. « C'est simple, quand on veut parler des droits de l'homme en Égypte, on nous dit de la fermer. On nous rappelle que le maréchal Al-Sissi a sauvé l'armée française de la banqueroute en achetant nos Rafale. Sans lui, nous affirme-t-on, Dassault nous aurait contraints à acheter ces avions dont nous n'avions pas besoin. C'était la faillite assurée. »

Le 28 janvier 2019, Emmanuel Macron a tout de même – et pour la première fois – évoqué la répression de la population égyptienne lors de la conférence de presse commune avec le maréchal Al-Sissi.

Le président français a reconnu l'usage d'un véhicule blindé – un seul sur 200 selon lui – vendu par la France dans les rues du Caire en 2013 : nulle mention des licences accordées par la France à la police égyptienne, ni des véhicules MIDS, et pas un mot sur Ercom, la société française, tout juste rachetée par Thales, qui participe à la surveillance de la société civile égyptienne.

Emmanuel Macron – et c'est le plus important – s'est inquiété de l'emprisonnement de « blogueurs, de journalistes et d'activistes » égyptiens. « C'est un fait, a-t-il dit devant son homologue égyptien, je ne peux faire comme si rien ne s'était passé. » Ces mots sonnent comme une petite victoire pour Aymeric Elluin, qui avait rencontré, avec une poignée d'autres représentants d'ONG, les conseillers du président quelques jours auparavant à Paris. « Les droits humains ont été à l'ordre du jour. Notre rapport a été discuté en conférence de presse. C'est un peu inouï », se réjouit le militant d'Amnesty. Le lendemain, Emmanuel Macron s'entretenait même avec des membres de la société civile, dont Mohamed Lotfy.

Mais à peine Emmanuel Macron avait-il quitté l'Égypte qu'un avocat proche du régime portait plainte contre tous ces opposants pour « offense à l'État », « atteinte à la sécurité nationale », « atteinte aux intérêts du pays » et « diffusion de fausses nouvelles ». Ma source au sein du Quai d'Orsay concluait, dépitée : « Il y a eu, certes, un changement de langage sur les droits de l'homme de la part de l'Élysée. Il a été immédiatement suivi par une nouvelle vague de répression sur place. On est loin du compte… »

ÉPILOGUE

EST-IL POSSIBLE DE FAIRE ÉVOLUER NOTRE DOCTRINE EN matière de ventes d'armes ? D'adopter une politique respectueuse de nos engagements internationaux ?

Est-il sain que des enjeux industriels soient ainsi systématiquement couverts par le secret-défense ? Cet artifice si puissant qui empêche la divulgation de la vérité. Entrave tout débat serein.

« Vous ne pouvez pas vous détacher d'un mouvement mondial vers une forme de moralisation du commerce des armes, et en même temps vous ne pouvez pas renoncer à une industrie qui compte 200 000 personnes, explique, fataliste, Jean Guisnel, journaliste au *Point*. Les équilibres à apprécier sont des prérogatives d'hommes d'État. Mais ces éléments-là doivent être rendus publics. Il n'est pas normal qu'on ait ainsi besoin de fouiller comme des malades pour savoir. On le voit encore plus aujourd'hui avec le président Macron, le système veut fonctionner à l'abri des regards, on veut faire ce qu'on veut, on ne veut rendre compte de rien, et vendre des salades à l'opinion publique sans lui donner les moyens d'apprécier les choses. »

« Je ne comprends pas qu'il n'y ait pas de débat sur ces exportations en France..., déplore Pierre Joxe, l'ancien ministre de la Défense de François Mitterrand. Quand on vend des matériels militaires à un pays dont on considère que le gouvernement est antidémocratique et ne respecte pas les droits de l'homme, ça pose un cas de conscience national, conclut-il. On peut ne pas le poser. Mais on s'aveugle. »

Comment faire évoluer les choses ?

La solution passerait-elle par une restructuration du marché européen de l'armement ? Une meilleure mutualisation des moyens ? Faut-il favoriser l'organisation de consortiums européens de l'armement ? Ou, à tout le moins, une politique d'exportation commune ? Mais l'Europe peut-elle se mettre d'accord sur les pays à risques en faisant l'économie d'une politique commune des affaires étrangères ? « Plus on sera capables de travailler entre Européens, moins on sera tributaires de clients risqués comme ceux du Moyen-Orient », explique Bodil Valero, l'eurodéputée suédoise auteure du rapport sur la position commune européenne.

Le Parlement européen a voté, en décembre 2018, la création d'un « fonds de défense européen », initialement proposé par la Commission européenne pour « stimuler les capacités de défense européennes ». Un demi-milliard d'euros devrait être consacré au développement d'équipements dans le secteur de la défense. Mais qui demandera des comptes aux industriels ?

*

La France aura-t-elle un jour à s'expliquer sur ses ventes d'armes à l'Arabie Saoudite ? Des responsables politiques seront-ils jugés pour des décisions prises pendant la guerre au Yémen ? Des entreprises finiront-elles par être condamnées pour avoir vendu des armes à l'Égypte ?

La commission d'enquête voulue par Sébastien Nadot et plusieurs dizaines de députés français ne verra, elle, jamais le jour. À la place, les parlementaires devront se contenter d'une mission d'information. « Elle n'a pas les mêmes pouvoirs d'investigation, souligne le député de Haute-Garonne. Cela n'a rien à voir avec une enquête, il n'y aura pas de convocation, pas d'audition sous serment, elle ne pourra pas exiger de documents, déplore-t-il. La mobilisation des députés avait pourtant été sans précédent. D'un point de vue démocratique, ce n'est pas satisfaisant. » En décembre 2018, Sébastien Nadot a fini par être exclu du parti d'Emmanuel Macron. Officiellement pour avoir voté contre le budget.

Qu'attendre d'une telle mission parlementaire ? Il y a dix-neuf ans, un rapport d'information sur le contrôle des exportations d'armement présenté à la commission de la Défense – à laquelle siégeaient alors Paul Quilès, François Hollande et Jean-Yves Le Drian – proposait déjà d'améliorer les choses et préconisait la création d'une commission consultative réunissant des délégués d'industriels, de syndicats, d'ONG… Les auteurs rêvaient d'en faire un lieu d'échanges entre la société civile et l'administration. Mais ensuite rien n'a changé.

Fin 2018, tous les députés qui avaient réclamé une commission d'enquête ont été écartés de l'actuelle mission parlementaire. Ses deux rapporteurs, Jacques Maire, de LREM, et Michèle Tabarot, du parti Les Républicains, n'étaient présents à aucun des débats organisés sur les exportations. Michèle Tabarot, députée des Alpes-Maritimes et surnommée le « fantôme de l'Assemblée », s'est déclarée dans *Nice-Matin* « très heureuse » de sa nouvelle mission. Mais quand je l'ai sollicitée, son assistant m'a demandé du temps : « Oh là là, on n'y connaît rien… » Et puis plus de nouvelles…

Alors quand le collaborateur de Jacques Maire, vice-président de la commission des Affaires étrangères, député LREM des Hauts-de-Seine et principal rapporteur, m'a proposé un entretien pour… le surlendemain, j'ai sauté sur l'occasion.

Je suis allée le rencontrer au pied du pont de Sèvres, à sa permanence parlementaire, fin décembre 2018, dans cette atmosphère un peu hystérique des jours précédant Noël. Je comptais sur cette dernière interview pour conclure efficacement ce livre. Jacques

Maire m'a reçue tout sourire. Forçant un peu l'esprit d'ouverture : « Alors dites-moi, selon vous, qu'est-ce qui doit changer ? »

À mes propres questions, il n'a pas vraiment répondu : Quel sera le cadre de sa mission ? Combien de temps durera-t-elle ? Quel but vise-t-il ? « Je ne veux pas créer d'attentes qui seraient automatiquement déçues. Mais je peux vous dire une chose : je n'étais pas candidat pour cette mission… »

Jacques Maire, il est vrai, est un ancien du Quai d'Orsay. Il fut chargé de piloter un accord économique de plusieurs milliards que le président François Hollande tentait d'arracher à l'Arabie Saoudite pour les entreprises françaises, « mais avant l'entrée en guerre au Yémen », précise aujourd'hui le député Maire. Comment ne pas penser, notent ses détracteurs, qu'il y aura un biais sur les ventes d'armes à ce pays ? « Ils ont tort, répond posément l'intéressé. Mais une commission d'enquête ne peut pas venir de la majorité. Ça n'existe pas. De toute façon, Nadot et les députés qui le soutenaient n'auraient rien obtenu, aucune levée du secret-défense », et sur sa joue gonflée il imprime alors énergiquement son index.

« Le Yémen n'est pas forcément le plus à risques pour la France. Cependant, avoir une part de marché aussi importante au Moyen-Orient est une faiblesse. Moi, je veux renforcer le consensus. Il faudra, pour avancer ensemble avec les industriels – je les connais bien –, pouvoir en confiance leur dire : "Les gars, on va se faire un peu mal mais ça vaut le coup." Il s'agit de préserver notre souveraineté. L'alternative, c'est acheter Trump. Il déciderait alors de l'utilisation défensive ou offensive de nos armes. Nous sommes l'une des dernières démocraties qui se donnent un rôle dans la sécurité mondiale, il y a un prix à payer. On prend des risques. Qu'est-ce qu'on peut mettre en place pour les maîtriser ? »

Le contrôle des ventes d'armes est-il une préoccupation de ses électeurs ? Que pensent-ils de cette mission ? « Ils ne sont pas au courant… » Et Jacques Maire ne donne pas l'impression d'être prêt à les informer heure par heure de ses travaux… Les auditions menées seront-elles publiques ? Impensable. « Sauf celles des ONG, ça les mettra en valeur, non ? » Un collaborateur a été engagé pour cette mission. Un fonctionnaire « qui connaît bien » le sujet pour qu'« on ne lui raconte pas n'importe quoi ».

Jacques Maire lui-même est habilité secret-défense. Pourquoi ? Depuis quand ? Il n'en dira pas plus. Mais je sens le gouffre qui nous sépare. Entre celui qui sait. Qui peut savoir. Et celle à qui l'on cache. Au bout d'une heure, je suis repartie. Il faisait déjà nuit. J'ai retraversé la Seine, un peu sonnée. Alors que je repassais dans ma tête cette conversation tout en sous-entendus, deux questions me revenaient sans cesse à l'esprit. Les deux questions qui m'avaient servi de boussole durant ces mois d'enquête :

Était-il sain pour notre démocratie que les exportations d'armement échappent ainsi au contrôle des citoyens ?

Pouvaient-elles rester ce point obscur de la République ?

REMERCIEMENTS

Ce livre est le fruit d'une réflexion initiée aux côtés de Vincent Gazaigne et de son équipe de Talweg Production puis développée dans les bureaux de Renaud Allilaire et Nathalie Darrigrand à France Télévisions. Grâce à eux, à la bourse de la SCAM, « Brouillon d'un rêve » et à Guilaine Chenu de LCP, ce travail documentaire a pris corps. Je les en remercie ainsi que tous ceux et celles qui ont contribué au documentaire *Mon pays fabrique des armes*, particulièrement Françoise Bernard et Thibault Delavigne. Travailler auprès d'eux est une chance.

Je remercie vivement mon éditrice Laurence Lacour pour sa bienveillance et son professionnalisme, ainsi que Laurent Beccaria et toute l'équipe des éditions Les Arènes. Merci aussi à Patrick de Saint-Exupéry à l'origine de notre rencontre.

Mes remerciements vont bien entendu à ceux et celles qui ont accepté d'être cités – si rares – et à ces voix anonymes qui m'ont fait confiance pour respecter leurs mots et préserver leur identité. Ils ont nourri mon questionnement. Mes doutes aussi.

Enfin, mes pensées et ma gratitude vont à Elsa, Sophie, Anita, Laurence, Marie, François mais surtout Nora, Falco, Simon et David, qui par leur amitié, leur patience et/ou leur amour m'ont soutenue tout au long de ces mois d'écriture.

TABLE

L'EXEMPLAIRE QUE VOUS TENEZ ENTRE LES MAINS A ÉTÉ RENDU POSSIBLE GRÂCE AU TRAVAIL DE TOUTE UNE ÉQUIPE.

CONCEPTION GRAPHIQUE ET COUVERTURE : Quintin Leeds
MISE EN PAGE : Soft Office
PHOTOGRAVURE : Point 11
RÉVISION : Laurent Raymond et Aleth Stroebel
FABRICATION : Marie Baird-Smith et Alexandra Tenenbaum

COMMERCIAL : Pierre Bottura
COMMUNICATION : Isabelle Mazzaschi avec Adèle Hybre
RELATIONS LIBRAIRES : Damien Massar et Jean-Baptiste Noailhat

RUE JACOB DIFFUSION : Élise Lacaze (direction), Katia Berry (Grand Sud-Est), François-Marie Bironneau (Nord et Est), et Charlotte Jeunesse (Paris et région parisienne), Christelle Guilleminot (Grand Sud-Ouest), Laure Sagot (Grand Ouest), Diane Maretheu (coordination) et Charlotte Knibiehly (ventes directes), avec Christine Lagarde (Pro Livre), Béatrice Cousin et Laurence Demurger (équipe Enseignes), Fabienne Audinet (LDS), Bernadette Gildemyn et Richard Van Overbroeck (Belgique), Nathalie Laroche et Alodie Auderset (Suisse), Mansour Mezher (Grand Export)

DISTRIBUTION : Hachette

DROITS FRANCE ET JURIDIQUE : Geoffroy Fauchier-Magnan
DROITS ÉTRANGERS : Sophie Langlais

ENVOIS AUX JOURNALISTES ET LIBRAIRES : Vidal Ruiz Martinez
LIBRAIRIE DU 27 RUE JACOB : Laurence Zarra
ANIMATION DU 27 RUE JACOB : Sophie Quetteville

COMPTABILITÉ ET DROITS D'AUTEUR : Christelle Lemonnier, Camille Breynaert et Christine Blaise
SERVICES GÉNÉRAUX : Isadora Monteiro Dos Reis

La couverture a été imprimée
par la Stipa à Montreuil (93).

Achevé d'imprimer en France
par Normandie Roto s.a.s à Lonrai (61) en avril 2019.
ISBN : 978-2-7112-0106-8

N° d'impression : 1901706
Dépôt légal : mai 2019